참는 게
죽기보다
싫을 때
읽는 책

Original Japanese title: WAZURAWASHII NINGENKANKEI NI NAYAMU
ANATAGA "MOU YAMETE II" 32 NO
KOTO

Copyright © 2017 Kazuko Ishihara
Original Japanese edition published by NIHONBUNGEISHA Co.,Ltd.
Korean translation rights arranged with NIHONBUNGEISHA Co.,Ltd.
through The English Agency (Japan) Ltd. and Danny Hong Agency

참는게
죽기보다
싫을 때
읽는 책

이시하라 가즈코 지음
김한결 옮김

샘터

나쁜 인간관계는 참을수록 독이 됩니다.

'자신을 소중히 하자'는 말은 어디에서나 쉽게 들을 수 있습니다.

하지만 어떻게 해야 자신을 소중히 할 수 있는지 구체적으로 아는 사람은 드뭅니다. 자신을 소중히 하는 방법을 한마디로 표현하면, 자신의 감정을 '제대로' 느끼는 것입니다.

자신을 소중히 하면 일상의 기본적인 부분에서도 자신이 '느끼는 방식' 즉, 감정과 오감 그리고 오감 이상의 감각을 행동 기준으로 삼게 됩니다. 예를 들어볼까요?

• 졸리면 자고 피곤하면 쉰다.

- 괴로운데 참고 있다면 당장 참기를 그만둔다.
- 즐거우면 계속하고 겁이 나면 하지 않는다.
- 귀찮은 일보다 편한 일부터 시작한다.

인간관계도 마찬가지입니다.

인간관계가 번거로워지는 이유는, 자신을 소중히 하지 않고 자신에게 계속 무리한 요구를 하기 때문입니다. 혹은 자신이 정말로 어떻게 느끼는가는 외면한 채 '일이니까' '가족이니까' '친구니까' 등의 이유로 자신이 느끼는 불쾌감과 혐오감, 분노 등의 부정적인 감정을 억누르고 있어서인지도 모릅니다.

자신이 안고 있는 괴로움과 번거로움을 구체적으로 특정해 해소하려면, 자신의 감정을 들여다보고 자기 스스로 느끼는 것 말고는 방법이 없습니다. 즉, 자신을 느끼고, 자신이 느끼는 마음을 기준으로 행동할 때야말로 자신을 지킬 수 있습니다.

자신을 소중히 한다 = 자신의 마음을 느낀다

누구나 행복해지고 싶고, 성공하고 싶고, 하루하루 마음 편히 지내고 싶다고 생각합니다.

하지만 자신을 제대로 느끼지 않고 그런 바람을 이루기는 불가능합니다.

- 행복감을 맛본다.
- 성취감을 느낀다.
- 기쁨을 만끽한다.

이는 모두 제대로 느끼기를 전제로 합니다. '행복해지는 방법'을 생각하기보다 '행복을 느끼는 마음'이 우선되어야 합니다.

현대는 정보화 사회입니다. 특히 '느끼기'보다 '생각하기'에 초점이 맞춰진 사고 중심의 문명이지요. 본문에서 자세히 소개하겠지만, '생각하기'만으로 이루어진 세계에서는 행복을 느끼기 어렵습니다. 머릿속으로 생각해 만족을 느낀다고 해도 그 역시 느끼는 일이기 때문에 가능합니다.

그러니 느끼는 힘을 기르고, 느끼는 감각을 되찾아야 합니다. 느끼는 힘이 생기면, 자신이 만족하는 데 집중하게 됩니다. 이를

테면 다음과 같이 말이지요.

- 거절하기가 수월해진다.
- 남에게 의지할 수 있다.
- 마음이 홀가분해진다.
- 지나치게 고민하지 않는다.
- 기분을 빨리 바꿀 수 있다.
- 남을 두려워하는 마음이 줄어든다.
- 싫어하는 사람이 다가와도 크게 신경 쓰지 않는다.

이처럼 자신이 만족하고 행복할 수 있는 일이나 자신을 자랑스럽게 느낄 수 있는 일은 어디에나 무수히 많습니다.

이렇게 중요한 '느끼는 힘'을 기르기 위해, 이 책에서는 당신과 함께 쓸데없이 참고 있는 일들을 '그만두는' 연습을 해보려고 합니다. 느끼는 힘을 기르기 위해, 이제부터 참지 않아도 됩니다!

당신은 매일 하기 싫은 일을 참으며 하고 있나요? 혹은 반대로 하고 싶은 일을 참으며 하지 않고 있지는 않나요?

자신이 하고 싶은 일을 하면, 남들이 당신을 거부하거나 비난해 상처받을지도 모른다는 두려움에 눈치만 보고 있지는 않나요?

- 하기 싫은 일 → 참으며 한다.
- 하고 싶은 일 → 참으며 하지 않는다.

자신이 하는 일에 대해 스스로 고통스럽게 느끼는지 아닌지를 아는 것은 매우 중요한 문제입니다. 하기 싫은 일은 억지로 하면서 하고 싶은 일은 참으면 자신이 무엇을 어떻게 느끼는지에 대해 둔감해지니까요.

만약 지금 하는 일이 고통스럽다면, 아무리 하려고 노력해도 언젠가는 그만둘 수밖에 없습니다. 고통스러운 일을 억지로 계속한다면, 무의식은 실수와 실패라는 방법으로 우리를 좌절하게 하여 결국 그 일을 그만두게 합니다.

인간관계에서도 마찬가지입니다. '모두와 사이좋게 지내야 한다' '미움받지 않도록 노력해야 한다'라고 생각해 싫어하는 사람과 억지로 사귀느라 괴로워하는 자신을 계속 몰아세우면, 절대로 좋은 인간관계를 맺을 수 없습니다. 지금 막연하게라도 누군가를 '번거로워' '정말 귀찮아' 하고 느낀다면, 분명 무의식중에 자신이 괴로워하고 있다는 의미입니다.

이 책에서는 많은 사람이 인간관계에서 '무엇을 참고' 있으며, 이를 '그만두려면' 어떻게 해야 하는지 소개합니다.

인간관계에서 당장 그만둬야 할 나쁜 습관을 사고 방식, 태도, 듣기, 말하기, 행동 방식에 초점을 맞춰 이야기하고자 합니다.

이제까지 참아온 일을 '그만두면' 번거로운 인간관계에서 해방되어 만족스러운 일상을 보낼 수 있습니다. 원만한 인간관계를 위해 필사적으로 참고 노력해온 일을 그만두었을 때 오히려 더 좋은 인간관계를 맺게 되기도 한답니다.

당신이 번거로운 인간관계에서 해방되어 보람 있는 하루하루를 보내는 데 이 책의 내용이 조금이라도 도움이 되기를 바랍니다.

차 례

지금 당장 그만둬야 할 관계습관 넷, 말하기

지금 당장 그만둬야 할 관계습관 다섯, 행동 방식

지금 당장 그만둬야 할 관계습관

하나, 사고 방식

가장 먼저 버려야 할
'해야 한다' 사고

누구나 습관적인 사고를 하는 버릇이 있습니다.

그런 습관적인 사고가 자신에게 긍정적으로 작용한다면 문제가 없겠지요? 하지만 우리는 무의식중에 자신을 괴롭히는 생각이나 말을 합니다. 그중에서도 가장 일반적이고, 어쩌면 당연하게 여기는 사람마저 있을지 모르는 사고가 한 가지 있습니다.

그것은 '○○을 해야 한다' 혹은 '○○을 하지 않으면 안 된다'라고 생각하는 사고로, 이 책에서는 이를 '해야 한다' 사고라고 부르겠습니다.

자신이 점점 더 괴로워지는 '해야 한다' 사고

'해야 한다' 사고는 한마디로 말해, 자기를 스스로 꽁꽁 옭아매는 사고입니다. 무의식중에 '이렇게 해야 한다'라고 생각하기에, 걸핏하면 "나는 ○○하지 않으면 안 돼" "너는 ○○해야 해" 하고 말해버립니다. 평소 자신이 어떤 말을 자주 사용하는지 주의 깊게 의식해야만 깨달을 수 있는 사고이지요.

게다가 너무 당연해서 의심하지 못할 만큼, 이미 의식 속에 단단히 자리 잡고 있어 그런 사고가 타당한지 아닌지 의문조차 품지 않는 사람도 있습니다. 예를 들어, '사회인이라면 주변 사람과 두루두루 잘 지내는 게 당연하다' '원만한 인간관계를 위해 자신을 억제하고 남에게 맞춰야 한다'라고 생각하고 있지는 않나요?

자신은 이런 '해야 한다' 사고를 하고 싶지 않아도 가정과 사회에서 끊임없이 질책당하거나, 일반 상식으로 강요받거나, 사회적인 분위기로 받아들이는 사이 '인간이라면, 어른이라면 마땅히 이렇게 해야 한다' '언제나 자신 있고 당당해야 하며, 나약해지면 안 된다' '검약해야지, 사치를 부리며 즐기면 안 된다'와 같은 사고에 사로잡힌 사람도 많으리라 생각합니다.

하든 말든 상관없는 일은 의외로 많다

자신이 평소 얼마나 '해야 한다' 사고에 사로잡혀 있는지 궁금하지 않으세요? 한 세미나에서 이런 질문을 해보았습니다.

"약속 장소에서 친구를 기다리는데, '약속 시간보다 늦을 것 같아'라는 친구의 메시지를 받았습니다. 당신이라면 어떻게 하시겠습니까? 어떤 선택지가 있을까요?"

이렇게 묻자, 많은 사람이 '뭘 그렇게 당연한 걸 묻지?' 하며 의아해하면서도 "거리를 걷거나 음악을 듣거나 스마트폰을 보며 친구를 기다려요"라고 대답했습니다.

"다른 의견은 없나요?" 하고 재차 물어봐도 시간을 보내는 방법만 더 다양하게 나왔을 뿐, 정작 중요한 한 가지 답은 좀처럼 나오지 않았습니다.

그래서 이번에는 "'기다리기를 그만두고 돌아간다'는 선택지를 깨달은 분은 없나요?" 하고 물었더니, "전혀 생각하지 못했어요!" 하는 반응이 돌아왔습니다. '돌아간다'는 선택지가 떠오르지 않은 이유는 말할 것도 없이, 처음부터 '만나기로 약속했으니 당연히 상대를 기다려야 한다'고 굳게 믿고 있었기 때문입니다.

'보고 싶으니까 기다려야지'라고 생각한다면 괜찮습니다. 하지만 '기다리기로 약속했으니까' 짜증이 나도 참고 친구를 기다린 사람은, 그런 마음을 필사적으로 감춘 채 늦게 도착한 친구와 이

후 시간을 보내야 합니다.

짜증나는 마음을 친구에게 직접 표현하면 애써 기다린 행위가 오히려 친구와의 관계를 악화하는 결과를 가져올 것입니다. 반대로 아무 말 없이 꾹 참는다고 해도 이 짜증나는 기분은 결국 어떻게든 상대에게 전해지게 되어 있습니다.

이처럼 상황에 따라서는 '기다리기를 그만두고 돌아간다'는 선택지를 고르는 편이 오히려 친구와 좋은 관계를 유지하는 데 도움이 될 수 있습니다.

성실한 사람이나 완벽주의자일수록 이런 '해야 한다' 사고에 빠져 괴로워하기 쉽습니다. 하지만 지금 '해야 한다' 혹은 '하지 않으면 안 된다' 하고 생각하는 일 대부분이 실은 '해도 그만, 안 해도 그만'인 일이라면 어떨까요?

'해야 한다' 사고를 그만두려면

예를 들어, '갖고 싶은 물건이 있어도 사치를 부리면 안 되니 참아야 한다'라고 생각하는 사람은 쇼핑하지 않고 꾹 참습니다.

하지만 이때 속마음은 어떨까요? 갖고 싶은 물건이 계속 뇌리에 남아 그것을 원하는 마음만 점점 더 커지게 될 거예요. 그러다 결국 더는 참지 못하고 사버리면 '잘 샀다!' 하고 만족하기보다 '아아…… 이런 사치품을 사다니' 하고 자신을 탓하며 죄책감에 사로잡혀 버립니다.

그런데 '사든지 말든지 내 자유다!'라고 생각하면 어떨까요?

'그래, 내 자유야. 갖고 싶으니까 사면 돼'라며 자신을 위해 물건을 사기로 결정할 거예요. 이렇게 자신의 욕구를 인정해 원하던 물건을 손에 넣으면 '아~ 잘 샀다. 정말 갖고 싶었는데, 기뻐!' 하며 진심으로 만족할 수 있게 됩니다.

혹시라도, 자신에게 사치를 허락해 갖고 싶은 것을 사서 만족하면 앞으로도 끊임없이 무언가가 계속 갖고 싶어질지도 모른다는 생각이 들어 두려워하고 있지는 않은가요? 그렇다면 이런 생각도 자신을 옭아매는 습관적인 사고입니다.

자신이 갖고 싶은 물건은 사도 괜찮다고 자신의 마음을 인정하면, 실제로는 '언제든 사면 되니 서두를 필요 없어' 하고 안심하게 되어 오히려 쓸데없는 낭비를 하지 않게 됩니다. 정말 갖고 싶은지 신중히 검토할 마음의 여유도 생깁니다.

갖고 싶은 것이 생겼다

'해야 한다' 사고로 살면 온통 참아야 하는 일만 있을 뿐이니 인생이 갈수록 번거로워집니다. 반면 '해야 한다' 사고를 그만두고 '하든지 말든지 내 자유다!' 하고 느끼며 살면 인생의 만족도가 갈수록 높아집니다.

  '해야 한다' 사고를 그만두려면 "○○해야 한다" "○○ 하지 않으면 안 된다" 하는 말을 의식적으로 멀리해주세요. 말하지 않으면 사고도 바뀐답니다. 더 나아가 '○○해야 한다' 하고 생각하거나 되뇌는 대신 "하든지 말든지 내 자유다!" 하고 말해보세요.

  '해야 하는 일' '하지 않으면 안 되는 일' 등이 의외로 그리 많지 않다는 사실을 깨닫게 될 거예요.

POINT '해야 한다' 사고를 그만둔다

· 그만둔 사람 ·
**해야 할 일이 적은 덕분에
보람찬 매일.**

· 그만두지 못하는 사람 ·
**해야 할 일들 때문에
숨 막히는 매일.**

보호색으로 자신을 방어하는
'카멜레온' 사고

저는 그동안 출간했던 많은 책에서 '자기중심적' 삶의 방식을 주장해왔습니다.

이를 '자기중심' 심리학이라고 부릅니다. '자기중심' 심리학의 기본 개념은 크게 '자기중심'과 '타자중심' 2가지로 구분합니다.

'타자중심'은 사회의 상식과 규범 및 규칙에 얽매여 이를 따르고, 주변 사람에게 자신을 맞추는 등 외부에 기준을 두고 매사를 결정하려는 삶의 방식입니다.

'자기중심'은 자신의 욕구와 기분, 감정 등 내면에 기준을 두고 가능한 한 자기 마음을 따르고 충족하는 방향으로 결정하는 것을 목표로 하는 삶의 방식입니다. 즉, '자기중심'은 바꿔 말하면 '자신을 사랑하는 것'입니다.

당연한 말이지만, 남을 기준으로 삼으면 이런저런 '해야 할 것'
이나 '해야 한다'라는 사고에 사로잡혀 살게 됩니다. 반면 자신을
기준으로 삼으면 자기 마음에 집중하게 되어 자기 욕구와 감정을
이해할 수 있고, 그런 자신을 소중히 하게 됩니다.

이것이 '타자중심'과 '자기중심'의 결정적인 차이입니다.

'모두'를 신경 쓰는 '타자중심적' 사고

앞에서 언급한 것처럼, '타자중심'으로 살면 판단하거나 행동해
야 할 때 자신의 기준이 아닌 외부의 기준을 따라 결정합니다.

- 다들 하니 나도 한다.
- 다들 하지 않으니 나도 하지 않는다.
- 모두가 할 수 있는 일은, 나도 할 수 있어야 한다.

이렇게 '모두'와 '사회'에 자신을 맞추려고 합니다. 이런 생각과
궁리는 주변의 색깔과 똑같아지려는 '카멜레온 사고'입니다.

주변과 사회에 맞추거나 따라야 한다고 의식하면, 자신이 원하

나의 감정과 욕구가 가장 먼저

지 않아도 '남들처럼 할 수 있어야 한다' '다른 사람들을 따라야 한다' 같은 강박관념에 사로잡혀 버리기 쉽습니다.

하지만 이 같은 '해야 한다' 사고로 자신을 강하게 압박했다가 어느 순간 '도저히 못 하겠다'라는 마음이 들면, 그다음에는 어떻게 될까요? 자신감을 잃고 잔뜩 풀이 죽어 이렇게 중얼거릴지도 모릅니다.

"해야 할 일도 제대로 못 하다니…… 난 정말 무능하고 한심한 인간이야."

'타자중심'으로 살면 "○○은 할 수 없어" "○○은 못 하겠어. 난 틀렸어. 미안해" 같은 말을 자동으로 반복합니다. 그래서 타자중심으로 사고하면 할수록 자신을 탓하게 되고, 마음속에는 죄책감이 쌓여갑니다.

나아가 머릿속이 자신을 부정하는 말로 가득 차게 되면, 결국 만사가 귀찮아져 다 팽개치고 싶어질 거예요. 이것이 타자중심으로 살기의 최후입니다.

'자기 욕구와 감정'을 기준으로 삼는다

'자기중심'의 삶을 살면 어떨까요?

앞서 말했듯이 '자기중심'은 모든 일을 인식할 때 항상 자신을 기준으로 삼습니다. 그러면 '모두가 하니 나도 해야 한다'라는 타자중심 사고에서 해방될 수 있어요.

그래서 이렇게 말할 수 있답니다.

"(남들이 어떻게 하든) 나는 이렇게 하고 싶어."

"내가 하고 싶으니까, 내 마음이 원하는 대로 결정할 거야."

"나를 위해 이렇게 행동하겠어."

이렇게 인식할 수 있는 이유는 무엇일까요? '나는 이렇게 하고 싶다' '나는 이렇게 하고 싶지 않다' '내가 좋아하니까 한다' '내가 싫어하니까 하지 않는다'처럼 자기 욕구와 감정을 사고의 기준으로 삼고 있기 때문입니다.

하고 싶은 일을 하게 되면 '내가 하고 싶은 일을 해서 정말 행복하다'라고 생각하게 됩니다. 하기 싫은 일을 하지 않아도 '내가 하기 싫은 일을 하지 않아 정말 행복하다'라고 생각하게 되지요.

결국, 어떤 선택을 하든지 자기 마음을 기준으로 하면 '내 생각대로 이루어져서 행복하다'라고 만족하며 자기 모습을 있는 그대로 받아들이게 됩니다.

이처럼 남을 기준으로 하는 '타자중심'과 자신을 기준으로 하여 자신의 욕구와 감정을 소중히 하는 '자기중심'은, 완전히 정반대의 삶의 방식입니다.

'자기중심'과 '이기주의'의 차이

'자기중심적' 삶의 방식을 소개할 때마다 자주 받는 질문이 있습니다.

"자신의 감정만 기준으로 삼으면 제멋대로에 자기 생각만 하는 이기적인 인간이 되지 않을까요?"

'자기중심'의 기본은 자신을 인정하고, 상대를 인정하는 것입니다. 이는 각자의 삶의 방식과 사고 방식 및 이해하는 방식의 자유를 서로 인정한다는 의미에요.

서로의 자유를 인정하는 기본 규칙이 성립하려면 상대의 영역에 무단으로 침범하지 않는 것이 철칙입니다. 이는 상대방을 지배, 조종, 강요, 강제하지 않는 태도이기도 합니다. 이와 달리 '이기주의'는 상대의 영역에 무단으로 침범해버려요. 이 점이 '자기중심'과 '이기주의'의 결정적 차이입니다. 참고로 '자기중심' 심리학에서는 이기주의를 '타자중심'으로 분류합니다.

 똑같으면 안심? '카멜레온 사고'를 그만둔다

• 그만둔 사람 •
'나는 나, 너는 너!'이므로
자신을 소중히 여긴다.

• 그만두지 못하는 사람 •
남을 신경 쓰고,
남에게 억지로 맞춘다.

모든 관계를
경쟁적으로 만드는
'작은 승패'에 집착하는 사고

사람은 왜 승패에 집착할까요?

"지면 분하잖아요!"라고 대부분 말하지만, 정말 그럴까요? 그렇다면 남과 경쟁했을 때 '아, 이겨서 기분 좋아!' 하고 진심으로 만족한 적이 있나요?

직장에서 동료와 경쟁하는 일에 익숙한 사람이 있었습니다. 그는 상사에게 칭찬받으면 동료 A씨를 이겼다는 생각에 긍지를 느낀다고 말했습니다. 확실히 나를 평가하는 사람에게 칭찬받으면 기분이 좋지요. 그렇다면 칭찬받은 다음에는 어떨까요?

"기쁘니까 그 사람의 기대에 응하려고 더 노력해요."

언뜻 긍정적으로 보이는 대답입니다. 그런데 기대를 받았지만 결국 기대에 응하지 못했다면 어떻게 될까요?

"더 열심히 해야겠다고 생각합니다."

"그래도 역부족이라면요?"

"더욱더 열심히 해야겠다고 생각해요."

"그래도 도저히 할 수 없다면요?"

"음… 그렇게 노력했는데도 할 수 없다면 나는 애초에 글렀다며 자신감을 잃을지도 모르겠네요."

이렇게 계속 승패를 겨루다 보면 결국에는 '해야 한다' 사고(14쪽 참조)의 함정에 빠져버립니다.

상대를 낮추고 자신을 높여도 결국에는……

그렇다면 아무도 칭찬해주지 않는다면 어떨까요?

"자신을 평가해주는 사람이 없어도 '아, A씨를 이겨서 정말 다행이야!' 하고 진심으로 기뻐한 적이 있나요?" 하고 물었습니다.

"A씨가 실패해서 누군가에게 질책을 받으면 경솔한 줄 알면서도 꼴좋다는 생각이 들면서 복수한 기분이 듭니다."

"하지만 만약 A씨가 실패했다고 해도 그 일이 당신과 무슨 상관이 있죠?"

"A씨가 실패하면 직장에서 자연히 저에 대한 평가가 높아지거나 하지 않을까요?"

"그러면 간접적으로 자신에 대한 평가가 높아지면, 그다음에는 무슨 생각을 하시나요?"

"평가가 높아진 만큼 기대에 부응해야겠다고 생각하지요."

"그런데 그 기대에 부응하지 못하면요?"

마지막 질문을 들은 직후, 그 사람은 자신이 사고의 원점으로 돌아갔다는 사실을 깨달았습니다.

이처럼 승패에 집착하면 이기기 위해 계속 노력해야 하고, 노력해도 뜻대로 되지 않으면 '나는 잘하는 것도 없는 한심한 인간이야……' 하고 자신감을 잃게 됩니다.

자신감을 느끼고 싶으니까 이겨야 한다?

승부를 겨루면 남에게 인정받고 싶은 욕구가 강해집니다. 이러한 욕구 자체는 잘못되지 않았어요. 승부를 겨루면 안 된다고 말하려는 것도 아닙니다.

다만, 본래 '남에게 인정받고 싶은 욕구'는 '스스로 자신을 인정하고 싶은 욕구'에서 비롯됨을 알아야 합니다.

이는 달리 말하면 자신감입니다. 문자 그대로 자신(自)을 믿는 (信) 것이지요. 자신의 가치를 스스로 인정한다는 의미이기도 합니다. 이러한 자신감은 남에게 인정받았을 때보다 훨씬 큰 만족감을 느끼게 합니다. 무엇보다 스스로 자신을 인정하므로 남에게 기대지 않아도 됩니다. 남과 자신을 비교해 누가 이겼는지 가려내는 일이 아니니까요. 작은 부분부터 스스로 자신을 인정하는 연습이 필요합니다.

- 지난달보다 컴퓨터 작업이 빨라진 걸 보니, 나는 계속 성장할 수 있다.
- 나는 일의 기한이나 약속 시각을 잘 지키는데, 이는 매우 가치 있는 일이다.

승부를 겨뤄 상대를 이기는 데서 만족감을 얻으려고 하는 한 자신의 근본적인 욕구를 채우기는 어렵습니다.

자신의 가치를 스스로 인정할 때야말로 진정한 자부심과 자존심이 생깁니다.

POINT 끊임없이 '승패'에 집착하는 사고를 그만둔다

・그만둔 사람・	・그만두지 못하는 사람・
남을 이기지 않아도 자신감이 생긴다.	남을 계속 이기거나 상대를 깎아내려야 한다.

호의에서 시작되어
의무로 끝나는
'알아주길 바라는' 사고

남에게 '해주고 싶은 마음'과 남이 '알아주길 바라는 마음'은 다른 것 같지만, 사실 같은 마음입니다.

애당초 자신이 상대방에게 '무언가를 해주고 싶다'라는 호의와 선의를 갖고 행동할 때는 해주는 행위 자체에 만족감을 느낄 수 있습니다. 이럴 때는 자신이 '해주는 입장'이니 상대방보다 우위에 있다고 의식하고 있지 않습니다. '내가 하고 싶으니까 하는 거야' 하고 생각할 뿐이지요.

자신이 원해서 하는 일이므로 그 행위의 책임은 자신에게 있습니다. 상대에게 보답을 바라는 것이 아닙니다. 다만, '하고 싶은' 욕구에 따라 행동하기에 거기에서 만족과 보람을 느끼는 것이지요.

그런데 자신이 상대방에게 해주고 싶어서 행동한다고 생각하면서도, 실제로는 '내가 일방적으로 해주기만 하고, 상대는 나에게 전혀 해주지 않아' 하는 불만이 생길 때도 있습니다.

그렇다면 이는 애당초 있었던 '해줘야 한다'는 사고가 '해주고 싶은' 욕구로 변환되었을 뿐인지도 모릅니다.

자신만 손해를 보고 있다?

이러한 변환의 바탕에는 '해야 한다' 사고가 있습니다.

- 남에게 친절해야 한다.
- 직장에서는 서로 도와야 한다.
- 부모님이 나를 길러주셨으니, 내가 어른이 되면 부모님을 보 살펴드려야 한다.

이러한 '해야 한다' 사고를 바탕으로 상대에게 무언가 해주기 시작하면 자칫 무리하기에 십상입니다. 하지만 이런 사고로 행동 하는 데 익숙해진 사람은 자신이 무리하고 있다는 사실조차 깨닫 지 못할 때가 많습니다.

그래도 무리하고 있다는 사실에는 변함이 없습니다. 심지어 이렇게 무리하다 보면 '나만 상대에게 해주는 건 손해다'라는 생각까지 들어 이해타산에 민감해질 수밖에 없습니다.

그러면 상대에게 "내가 이렇게까지 해줬으니, 너도 이 정도는 해줘도 괜찮지 않아?" 하고 요구하고 싶어지는 마음도 당연해질 수 있습니다.

순수하게 상대방에게 무언가 해주고 싶은 마음이라면, 뭔가 해줄 수 있다는 사실만으로도 충분히 만족할 수 있습니다.

하지만 '해주고 싶다'는 마음속에 '보상을 기대하는 심리'가 숨어있다면 어떻게 될까요? 상대가 당신의 생각을 알아주길 바라고, 나아가 그런 자신의 기대에 응해주지 않으면 불만을 품게 될 수 있습니다.

'해주고 싶다'와 '알아주길 바란다'의 대립

상대에게 자신을 이해해달라고 호소할 때는 어떤 기분일까요? 이를테면 "이해받고 싶은데, 아무리 해도 이해해주지 않아. 어째서 알아주지 않는 걸까?"와 같은 말을 마음속으로 몇 번이나 반복해 말한다면 어떤 기분이 들까요?

이 말의 어감이 절박한 심정을 끌어내 막다른 곳에 내몰린 기분이 들지도 모릅니다.

"나도 하고 있으니까, 너도 해야 해."
"내가 이렇게 노력하는데, 어째서 알아주지 않는 거야?"
"네가 틀렸는데, 왜 그걸 몰라?"

이런 기분으로 상대방에게 위와 같이 반복해 말하다 보면, 상대가 알아주길 바라며 매달리는 동시에 상대를 책망하고도 싶어질 거예요. 예를 들어, 부모와 자식 사이에서는 '엄마가 해준 음식을 아이가 먹지 않았다'는 등의 사소한 이유로도 다툼이 일어날 수 있습니다.

다툼이 일어나면 별것 아닌 일에 감정이 격해져 서로 자신의 주장만 관철하려고 하는데, 이는 상대에게 각자 자신을 먼저 이해해달라고 내세우기 때문입니다.

제3자의 눈에는 격렬하게 싸우는 듯 보여도, 사실 당사자끼리는 자신을 이해해달라고 상대방에게 열심히 호소하고 있을 뿐입니다. 하지만 양쪽 모두 자신의 입장을 호소하는 데만 집중하다보

해주고 싶어서 시작한 일이지만……

니 정작 상대의 마음을 이해하지는 못합니다.

자신을 이해해달라는 일방적인 호소에서 벗어나려면, 자신이 먼저 상대를 이해해야 합니다.

'이해해줘'에서 '이해할게'로

상대를 이해하려면 상대의 마음을 느끼고 공감해야 합니다. 예를 들어볼까요?

당신이 상대방에게 "나는 회사 일과 집안일로 바쁜데, 당신은 전혀 도와주지 않아. 왜 알아주지 않는 거야?"라고 말하며 절박한 심정으로 호소하고 있습니다.

이때 상대에게 공감하는 마음을 기르면, 잠시 숨을 돌릴 때 '내 멋대로 상대방이 내 생각을 헤아려주길 바랐을 뿐이야. 아무 말 없이 참기만 하는데 알아줄 리가 없지' 하고 깨달을 수 있습니다. 그러면 나아가 '내 기분을 상대에게 솔직하게 전해보자' 하며 행동할 수도 있습니다.

불평을 들었던 입장에서도 상대방에게 공감하는 마음이 있으면 '그런 점이 힘들었구나. 네가 그런 마음을 품는 것도 이해해'라고 생각할 수 있습니다. 그리고 그런 마음으로 상대에게 공감하는 말을 해주었을 때 상대방도 '이해받았다'고 느끼게 되지요.

일방적으로 자신을 알아주길 바라는 마음에서 벗어나 자신이 먼저 상대를 이해하는 마음을 기르기만 해도, 번거로운 인간관계에서 충분히 해방될 수 있답니다.

 POINT '알아주길 바라는 사고'를 그만둔다

· 그만둔 사람 ·
자신이 먼저 상대의 마음을
이해하고 공감한다.

· 그만두지 못하는 사람 ·
자신을 알아주지 않고
이해해주지 않아 짜증이 난다.

다정함도 병이 되는 '피곤한' 배려

아마 대부분 사람이 '원만한 인간관계를 위해 상대를 배려해야 한다'라고 믿고 있을 거예요.

하지만 이렇게 상대를 배려하는 것은 타자중심의 전형입니다. 당신이 상대방을 배려하면 정말로 상대와의 관계가 좋아질까요? 혹은 그렇게 타자중심이 되어 상대방을 우선하면 자신도 인간관계가 만족스러울까요?

여기서 자신이 만족스러운지 아닌지는 매우 중요한 사항입니다. 무리해서 상대방을 배려하려고 해도, 어느 시점에서 한계를 느끼면 더는 배려하기가 어려워지기 때문입니다.

'사고'와 '감정'의 큰 차이점

많은 사람이 잊기 쉽지만, 기분이나 감정, 혹은 사고는 별개입니다. 이는 느낌과 생각의 차이로 이해하면 됩니다. 더불어 대부분 사람이 감정보다 사고에 사로잡히기 쉽다는 점도 기억하면 좋겠습니다.

사고에 사로잡힐 때마다 자신의 감정에는 무감각해집니다. 그리고 '이런 말을 하면 기분 나빠하지 않을까?' '이렇게 하면 어떻게 생각할까?'라고 끊임없이 고민하며 상대를 배려할수록 점점 더 상대의 눈치를 보게 됩니다.

그런데 그렇게 상대를 신경 쓸 때, 당신은 기분이 좋을까요 아니면 불편할까요? 늘 상대방에게 얽매여 그가 어떤 상태이고 어떤 기분인지 억측하고, 상대가 자신을 싫어하진 않을까 상대와 갈등이 일어나진 않을까 두려워하며 그의 마음에 들려고 애쓴다면, 자신은 절대로 기분 좋고 편안한 마음을 느낄 수 없습니다.

자신이 이렇게 상대를 배려하며 행동하는데도 상대가 자신의 노력에 아무런 반응을 보이지 않으면 '내가 이만큼 배려하는데, 정말 무신경한 사람이군' 하는 불만도 생깁니다. 더욱이 자신의 배려에 대해 상대가 "부탁하지도 않았는데 멋대로 행동하는 건 민폐야" 같은 말이라도 하면 크게 상처받는 건 말할 것도 없을 거예요.

상대방을 배려한다는 건 이런 것입니다.

배려하려고 하기보다, 솔직하게 물어본다

상대를 배려할 때 당신은 이런저런 걱정과 두려움을 감추며 참습니다. 하지만 사실은, 당신의 그런 두려움과 긴장이 상대방을 더 불편하게 할 수 있습니다. 상대가 당신에게서 멀어진다면, 바로 그러한 이유 때문이라고 해도 좋습니다.

자신의 기분을 숨겨가며 상대방을 배려했지만, 그 노력을 보상받지 못한다면 당신은 불만을 가지게 될 거예요. 게다가 그 배려가 도리어 상대를 멀어지게 하는 원인이 되었다면 어떨까요?

예를 들어, 상대에게 뭔가 선물을 해주고 싶을 때를 가정해봅시다. '무엇을 사줄까?' 고민하는 순간은 행복하지만, 동시에 '맘에 안 들어 하면 어떡하지?' 하는 걱정이 들 수도 있어요.

선물을 주고 싶다고 생각하면서도 '필요 없다고 거절하면 어떡하지?' '마음에 안 든다고 하면 어떡하지?'라며 혼자 걱정하거나 일방적으로 상대의 마음을 이래저래 억측하고 고민하다 보면, 선물을 주는 일 자체가 점점 번거롭게 느껴집니다.

그럴 때는 "선물을 주고 싶은데 뭐가 갖고 싶어?" 하고 솔직하게 물어보는 게 번거로움에서 벗어나는 하나의 방법이 될 수 있습니다. 사실, 상대를 지나치게 배려하는 이유는 자기 안에 '상처받

피곤한 배려는 그만두자

기 싫어' '미움받기 싫어' '싸우기 싫어' 같은 다양한 두려움이 존재하기 때문입니다.

두려움에서 벗어나려고 아무리 혼자 머리를 싸매도 명쾌한 해결책은 찾기 어렵습니다. 그러니 신경 쓰이는 일이 있으면, 혼자서 고민하기보다 상대에게 솔직히 물어보세요. 이렇게 직접 물어보는 용기를 기르는 편이 훨씬 도움될 거예요.

두려움을 감추고 배려하는 피곤한 관계에서 벗어나면 오히려 개운한 마음으로 기분 좋은 관계를 맺을 수 있게 됩니다. 배려하지 않아 상대방과의 관계가 나빠지는 일은 거의 없습니다. 그러니 두려움을 감춘 배려를 그만두세요. 번거로운 일이 줄어들 거예요.

 POINT 피곤하기만 한 '배려'를 그만둔다

· 그만둔 사람 ·
배려의 저주에서 해방된다.

· 그만두지 못하는 사람 ·
**상대에게 도움이 되지 않는
배려를 계속한다.**

피해망상으로 빠지는
지나친 억측

타자중심이 되어, 자신의 감정이 아닌 상대의 '사고'에 사로잡힌 사람들은 '저 사람은 무엇을 느낄까?' '지금 무슨 생각을 할까?'라고 생각하며 상대를 이리저리 탐색하거나 상대의 마음속을 꿰뚫어 보고 싶어 합니다.

하지만 그렇게 머리로 하는 남의 생각은 대부분 핵심에서 벗어나 있습니다.

'사실과 억측'을 혼동하여 지나치게 깊이 사고한다

예를 들어보겠습니다. 여기, A씨가 "내가 B씨에게 격려 문자를 보냈거든? 그런데 B씨는 답장을 보내지 않았어! 이거 실례 아냐? B씨는 너무 예의 없는 사람이야! 절대로 그냥 넘길 수 없어!" 하며 상대의 의도를 억측해 제멋대로 화를 내고 있습니다.

하지만 사실은 무엇일까요? 단지 자신이 보낸 문자의 답장이 오지 않았을 뿐입니다.

이처럼 일어난 사실과 자기 머릿속의 억측을 혼동해 지나치게 깊이 사고하면, 실제 이상으로 인간관계의 고민만 늘어납니다. 여기서 A씨는 실제로 일어나지 않은 일까지 제멋대로 짐작해 화내고 있지만, 상대방 B씨가 답장을 바로 보내지 못한 진짜 이유는 무엇일까요?

나중에 알고 보니, B씨는 A씨의 문자에 대해 '이건 가볍게 답장을 보낼 만한 내용이 아니야'라는 생각이 들어 답장을 망설이고 있었습니다.

한 가지 더, B씨는 A씨가 남의 생각을 지레짐작해 제멋대로 상처받는 성격이라는 사실도 알고 있었다고 합니다.

그래서 B씨는 '답장을 빨리 보내지 않으면 A씨가 화를 낼 거야. 하지만 가볍게 답장을 보냈다가 내용을 보고 A씨가 화를 낼지도 모르니 신중해야 해'라고 생각하며, 자신이 어떻게 행동해도 A씨가 화를 낼 수 있는 이 상황을 두려워하고 있었습니다.

'사실'만 바라보면 간단해진다

애초에 A씨는 자신이 보낸 문자가 B씨 입장에서는 답장을 보내기 곤란한 내용이라는 사실을 자각하지 못했습니다. 이는 타자중심 사고에 사로잡힌 사람들의 큰 결점이에요. '내가 선의로 문자를 보냈으니 상대도 선의로 답해야 한다'는 것이 A씨의 사고입니다.

이러한 사고에서 출발하면 '답장하지 않는 것은 나를 싫어해서다' '나에게 악의를 품고 나를 골탕 먹이려는 것이다'와 같은 논리에 빠지기 쉽습니다.

번거로운 인간관계에 얽매인 사람일수록 실제 일어난 일에 초점을 맞추지 못하고, 그저 제멋대로 유추하고 함부로 의심하며 자신의 억측을 사실로 믿어버립니다.

이런 억측이 인간관계를 악화하고 번거롭게 만듭니다. 이렇게 되지 않으려면 어떻게 해야 할까요?

일어난 사실에만 초점을 맞춰주세요. 이는 매사를 간단히 해결할 수 있는 매우 중요한 조건입니다.

사실에 집중하지 못한 채 상대의 생각을 이리저리 지나치게 깊이 파고들면, 자신이 만들어낸 허구의 세계가 진실이라고 착각해 제멋대로 화내며 상대방을 원망하게 됩니다.

'생각하지 않으려고' 하기보다 '감정으로 관심을 돌린다'

자신이 만들어낸 억측에 사로잡혔을 때는 어떻게 해야 할까요? 이때 사고에 얽매인 사람 대부분은 "생각하지 않으면 되겠네" 하고 대답합니다.

물론 그럴 수 있다면 좋겠지만, 다람쥐 쳇바퀴 돌듯 끊임없이 생각을 반복하는 점은 사고에 사로잡힌 사람에게는 고치기 어려운 습관입니다. 그러니 생각하지 않는 것은 무리입니다.

이럴 때는 자기중심이 되어, 자신의 기분과 감정에 의식을 집중해야 합니다.

앞에서 말한 A씨의 상황으로 돌아가 볼까요?

'답장을 받지 못해 불안하고 걱정된다' 하는 자신의 기분을 깨달은 뒤, 자신이 느끼는 감정을 있는 그대로 솔직하게 표현하는 겁니다. "답장이 오지 않아 걱정하고 있어. 내가 너에게 상처 되는 말을 한 거니?"라고 B씨에게 문자를 보낸다면 어떨까요?

괴로움에 몸부림치며 그저 상대방의 답장을 기다리기보다, 먼저 자신의 기분과 감정을 상대방에게 전달하는 것도 번거로운 인간관계에서 해방되는 하나의 방법입니다.

POINT 멈추지 않는 피해망상! '지나친 억측'을 그만둔다

· 그만둔 사람 ·	· 그만두지 못하는 사람 ·
상대방에게 쓸데없이 화내거나 혼자 고민하지 않는다.	실제로 일어나지 않은 일에까지 화를 낸다.

지금 당장 그만둬야 할 관계습관

둘, 태도

누구나 빠지기 쉬운 관계 함정,
사이좋게 지내기

대부분 사람이 당연하다는 듯 "모두와 사이좋게 지내야 한다"라고 말합니다.

그래서 다른 사람들에게 붙임성 있게 다가가고, 이야기에 맞장구를 치고, 항상 웃으며 대하는 등 타인과 사이좋게 지내기 위해 노력을 아끼지 않습니다.

그런데 모두와 사이좋게 지내야 한다고 말할 때, 당신은 어떤 기분이 드나요? 예를 들어, 직장이나 학교에 있는 싫어하는 사람이나 과거에 자신에게 상처준 사람을 떠올릴 때도 진심으로 "모두와 사이좋게 지내고 싶다"라고 말할 수 있나요?

정말 모두와 사이좋게 지내야 할까?

사고와 감정은 별개입니다(40쪽 참조). 자기중심인 사람은 자신의 감정에 초점을 맞춥니다. 반면 타자중심인 사람은 의식이 남을 향해 있느라 대부분 자신의 감정에 초점을 맞추지 못합니다. 그래서 끊임없이 주변의 동향에 관심을 기울입니다.

물론 타자중심이 되는 것에도 장점은 있습니다. 예를 들어, '나는 그 사람에게 존경과 사랑을 받고 있다'거나 '이 사람도, 저 사람도 모두 친절하고 다정한 사람뿐이다'라고 생각하면, 착각이라고 해도 기쁩니다.

하지만 안타깝게도 요즘 사회에는 남에게 호의적인 시선을 가진 사람보다 부정적인 시선을 가진 사람이 압도적으로 많은 듯합니다. 남에게 부정적인 마음을 품지 않아도 자신을 스스로 낮게 평가하면 '나만 빼고 다들 사이가 좋다' '이런 나를 좋아하는 사람은 아무도 없다'라며 좌절할 수 있습니다.

이렇게 자신에 대해 부정적으로 사고하면 '남들은 평소 나를 어떻게 생각하고 평가할까?' 혹은 '저 사람은 나에게 말을 걸지 않는 거로 보아 아마도 나를 싫어하는 것 같다'라고 항상 남의 언동에 신경을 곤두세우고 민감하게 반응하느라 자신의 속을 스스로 썩입니다.

나아가 상대방이 당신에게 선의로 조언을 해주거나 주의를 주어도, 타자중심인 사람은 자신을 탓하거나 비난한다고 받아들입니다. 이처럼 상대를 신경 쓰면 쓸수록 인간관계가 번거로워지고, 때에 따라서는 사람이 무섭다고 느끼게 됩니다.

그런데 타인을 대할 때 부정적으로 사고하는 사람일수록 "남들과 사이좋게 지내야 하지 않을까요?"라고 반문합니다. 왜 그럴까요? 혹시 다른 사람들에게 상처받기가 두려워서는 아닐까요?

모두와 사이좋게 지내야 한다고 처음부터 굳게 믿고 있으면, '남들과 사이좋게 지내지 못하는 나는 한심하다'라고 생각할 수 있습니다. 하지만 이는 애당초 자기 기분과 감정을 무시한 결과입니다. 사고의 전제 자체가 잘못되었어요.

모두와 사이좋게 지내고 싶다는 바람은 '인류 화합과 세계 평화'를 바라는 것만큼이나 이상적인 일입니다. 자신에게 그런 막중한 부담을 지울 필요는 전혀 없습니다.

사이좋게 지내기보다 중요한 것

자, 그러면 여기에서 "난 모두와 사이좋게 지내고 싶은 것이 아니라 사람을 무서워하는 것이다"라고 자신에게 말해보세요. 그리고 자신의 기분을 느껴보세요. 혹은 '모두와 사이좋게 지내기보다

타인의 감정에 초점을 맞추면 피곤

지금 내가 느끼는 기분이 더 중요하다. 싫어하는 사람은 싫어해도 괜찮다. 어색한 사람과는 어색한 채로 있어도 상관없다'라고 생각해보세요. 이 문장을 실제로 소리 내어 읽어보세요. 이때 자신의 기분과 감정이 어떤지 꼭 확인하고 느껴보세요.

이렇게 말하기만 해도 마음이 가벼워집니다. 남보다 자신의 감정과 기분에 초점을 맞췄기 때문이지요.

나아가 자신이 느끼는 감정이 무엇이든 그것을 스스로 인정해야 합니다. 현재 자신의 기분과 감정을 인정한다고 해서 사람을 무서워하는 마음이 바로 해소되진 않겠지요. 하지만 이는 번거로운 인간관계에서 해방되기 위한 필수 조건입니다.

 모두와 '사이좋게' 지내기를 그만둔다

· 그만둔 사람 ·
자신이 원하는 자기 모습을 우선한다.

· 그만두지 못하는 사람 ·
모두에게 사랑받으려고 행동한다.

약한 사람으로
보이고 싶지 않은 마음,
스트레스에 강한 척하기

당신은 지금의 현대 사회를 어떻게 인식하고 계시나요? 아마도 이렇게 생각하는 사람이 많을 듯합니다.

- 요즘 사회는 스트레스가 극심하니 강인한 정신력이 필수다.
- 엄격하고 냉정한 사회에서 살아남으려면 인내할 줄도 알아야 한다.
- 아무리 괴로운 일이 있어도 이를 악물고 버텨야 한다.

혹은 '이 세상은 경쟁 사회이니 남과의 경쟁에서 이겨 살아남아야 한다'라고 생각할지도 모르겠군요.

그런데 평소에도 늘 이렇게 생각한다면, 지금 그 사람의 신체는 어떤 상태일까요? 틀림없이 잔뜩 긴장해 있을 거예요. 이것이 바로 극심한 스트레스를 느끼는 상태랍니다.

'스트레스에 지면 안 돼!' 하는 생각도 스트레스

자신보다 상대를 더 의식하는 타자중심 사고에 빠진 사람은 평소 자신이 어떻게 말하고 사고하는지 자신에게 주의를 기울이지 않습니다. 그래서 자신이 스트레스를 불러일으키는 사고를 하고 있다는 사실조차 깨닫지 못하지요.

하지만 스스로 깨닫지 못해도 '사회는 냉혹하니 스트레스에 굴복해서는 안 된다'라고 마음속으로 되뇌다 보면, 그런 사고가 자신에게 끊임없이 스트레스를 만들어냅니다. 이런 사람은 지금 바로 다음과 같이 말해보세요.

"나도 모르는 사이에 내가 스트레스를 늘리는 생각을 하고 있었구나. 앞으로는 좀 더 나에게 주의를 기울여 내가 어떻게 사고하는지 분명히 인식하자. 그래서 그런 사고를 조금씩 그만두자."

이렇게 말하기만 해도 긴장이 조금 풀린답니다. 이처럼 자기도 모르는 사이에 제멋대로 부정적인 사고를 해 자기 스스로 만들어내는 스트레스도 있습니다.

스트레스에 강한 사람은 정말 강할까?

한편 이렇게 반론하고 싶은 사람도 있을지 모릅니다.

"사회는 냉혹한 현실이에요. 일이 힘들다고 직장을 그만뒀다가 다시 취직하지 못할 수도 있잖아요? 그러니까 스트레스에 강해지 거나 때로는 강한 척 행동할 필요도 있지 않을까요?"

물론 맞는 말입니다. 그런데 한번 생각해보세요. 당신 주변에는 스트레스에 강해 보이는 사람이 있나요? 만약 곧장 떠오르는 사 람이 없다면 '요즘 사회는 정말 힘드니까 어떤 스트레스도 견뎌낼 수 있는 내가 되고 싶다'라고 당신의 머릿속에서만 막연히 생각하 고 있을 뿐일지도 모릅니다.

이런 사람은 스트레스에 강해지고 싶어도 방법을 모릅니다. 그 래서 계속 스트레스를 끌어안은 채 살아가게 되지요.

이와 달리 주변에 정말로 스트레스에 강해 보이는 사람이 있다 면 어떨까요? 그 사람의 모습을 한번 떠올려보세요. 혹시 평소에 도 굳은 얼굴에 험악한 표정을 짓고 있지는 않나요? 만약 그렇다 면 당신이 생각하는 '스트레스에 강한 사람'이라는 개념 자체가 잘못되었습니다.

그런 사람은 아무리 스트레스에 강해 보여도, 표정만으로 이미 자신이 극심한 스트레스 상태에 있다고 말하고 있기 때문입니다. 이는 남과 경쟁하면서 참고 있는 모습일 수도 있습니다.

경쟁에서 살아남기 위해 참고 버티다 보면 당연히 스트레스를 느낍니다. 하지만 그렇게 무리해서 노력하다가는 언젠가 갑자기 툭 꺾여버려도 이상한 일이 아니에요.

스트레스를 느끼지 않는 삶의 방식

그럼 당신이 보기에, 어깨에 힘을 빼고 편안해 보이는 사람은 주변에 없나요? 그런 상태에서 일도 순조롭게 잘 처리해나가는 사람 말입니다. 이런 사람이야말로 진정한 의미에서 스트레스에 강한 사람이라고 할 수 있습니다.

이렇게 말하면 밝고 쾌활해 누구와도 잘 어울려 모두에게 호감을 얻는 사람을 떠올릴 수도 있습니다. 하지만 유감스럽게도 그런 사람이 반드시 스트레스에 강하다고 단언하기는 어렵습니다. 어쩌면 자기 마음을 속이고 있는지도 모르지요.

자신을 속여 가며 호감 가는 인물을 연기하는 것도 스트레스의 원인이 됩니다. 동시에 '모두에게 사랑받는 밝고 쾌활한 사람이 되면 좋겠다'라고도 바라게 되어 본래의 자기 모습을 부정하는 스트레스까지 이중으로 떠안게 됩니다.

냉혹한 현대 사회에서 스트레스 관리에 능한 사람은 자신을 부정하기보다 받아들이려고 합니다. 예를 들어, 나약하고 우울하고 사랑받지 못하는 자신의 모습도 인정하려 합니다. 사실, 이는 스트레스에 강하다기보다 스트레스가 없어 보이는 사람이 되는 것에 가깝습니다.

물론 이런 사람도 스트레스를 느낍니다. 그렇지만 스트레스를 버티고 이겨내려 하기보다, 스트레스가 생기지 않는 삶의 방식을 추구합니다. 그러려면 일단 자신의 어떤 모습도 있는 그대로 인정할 수 있어야 합니다.

 스트레스에 강한 척을 그만둔다

| ·그만둔 사람· 스트레스를 느낄 만한 상황을 만들지 않는다. | ·그만두지 못하는 사람· 스트레스를 이겨내려고 계속 참는다. |

엑셀과 브레이크를 동시에 밟는 태도, 일할 때 무조건 참기

많은 사람이 '일을 할 때는 개인적인 감정을 끌어들이면 안 된다'
라고 판단합니다.

그래서 다음과 같이 생각하는 사람도 있을 거예요.

- 일이니까 (개인적인 감정을 억누르고) 참아야 한다.
- 지시받은 일은 (하기 싫어도) 반드시 해야 한다.
- 일할 때는 자신의 직무 내용과 처지를 자각하고, 절대로 감정
  을 드러내면 안 된다.

그런데 대부분 사람이 이렇게 말해도, 실제로 불평불만을 전혀
듣거나 말하지 않는 직장이나 일 같은 건 없습니다. 어디서든 불
평불만은 생기기 마련인데, 이는 제각각 감정적으로는 만족하지
못하기 때문에 그렇습니다.

아무리 일이어도 감정을 억누르기는 어렵습니다. 상처를 받았다면 용서하기란 쉽지 않습니다. 일하면서 생기는 불쾌감은 의식적으로 잊으려 해도 무의식적으로는 또렷하게 남게 됩니다. 그렇게 해소되지 못한 감정은 어딘가에서 보복할 기회를 노리게 됩니다.

예를 들어, 직장에서 상대방이 하는 말마다 빈정대며 무조건 반대하는 사람이 있다고 합시다. 이는 본인이 아무리 냉정함을 가장해도 감정적으로 대하고 있다는 표시입니다.

이렇게 상대방의 말에 예민하게 반응하고 단점을 지적하며 까다롭게 구는 이유는, 결코 예리한 지성을 갖추고 있어서가 아닙니다. 말을 이용해 감정적으로 보복하고 있을 뿐입니다.

이처럼 보복하려는 마음이 있으면 싫어하는 사람이 낸 의견은 아무리 훌륭해도 무조건 비웃고 반대하고 싶어집니다.

무의식중에 보복을 노린다!

어떤 조직이든 크고 작은 파벌이 있습니다. 혹은 파벌처럼 거창하지 않더라도, 어떤 상사나 선배의 의견을 따를지 선택해야 하는 상황 등이 생기기도 합니다.

이럴 때 '냉정하게 판단해 이쪽 의견을 따르는 편이 이득이니

일할 때는 내 감정을 숨겨야만 하는 걸까?

이쪽을 선택하자' 하고 손익을 따져 행동해도, 좋고 싫은 감정은 머릿속에서 완전히 지워지지 않습니다. 심지어 자신이 선택한 파벌이라도 성미에 맞지 않으면 아무리 이득이 된다 해도 마음은 갈수록 괴로워집니다.

언제 어디서든 감정을 배제하기란 어렵습니다. 우리는 근본적으로 감정을 억제하지 못하니까요. 압도적으로 많은 사람이 일을 할 때는 감정을 억제해야 순조롭게 진행할 수 있다고 믿지만, 이것이야말로 잘못된 믿음입니다.

감정은 억제할 수 없습니다. 설령 겉으로는 감정을 억제한 듯 보여도, 무의식에서는 감정을 기준으로 행동을 선택합니다. 그러니 자신의 감정을 부정하고 억누르는 것은 부자연스럽습니다.

자기 안에 있는 부정적인 감정을 인정하면, 오히려 감정적으로 행동하는 일이 줄어듭니다. 그 이유는 무엇일까요?

액셀과 브레이크를 동시에 밟고 있지 않나?

감정을 억제하려면 에너지가 필요합니다. 때로는 그것만으로 체력과 기력이 모두 소진되어 버리기도 합니다.

이를 자동차에 비유하면, 액셀과 브레이크를 동시에 밟고 있는 상태라고 할 수 있습니다. 자동차를 멈추려면 브레이크만 밟으면 되는데, 액셀까지 함께 밟고 있으니 쓸데없이 많은 에너지를 소비하고 있는 셈입니다.

상대방에 대한 싫은 감정을 억누른 채 함께 일하면, 상대의 언동이 점점 더 거슬리고 짜증스럽게 느껴집니다. 이런 상태가 심해지면 싫어하는 사람과 온종일 자나 깨나 같이 있는 것처럼 괴로워집니다. 이렇게 감정을 억누른 상태를 얼마나 지속할 수 있을까요?

감정을 억누르려고 노력하면 할수록 더욱더 감정적으로 반응하게 됩니다. 사소한 일에도 불같이 화를 내거나 주변 사람에게 짜증을 내고, 좋지 않은 상대와 다투거나 말꼬리를 잡고 빈정거리거나 골탕을 먹이고 싶어집니다.

직장 내에 이렇게 감정을 억제하고 있는 사람이 많으면 사람 사이에 다툼과 보복이 끊이지 않을 것입니다. 그러면 업무가 순조롭게 진행되기는커녕 실수와 실패가 늘어나 일의 효율이 현저히 떨어질 테지요.

감정을 억누르지 않는 편이 오히려 다툼을 막는다

반대로 일을 할 때도 자신의 감정을 솔직하게 인정하면 어떨까요? 예를 들어, 당신은 직장 동료 A씨를 매우 싫어합니다. A씨를 그렇게 싫어하는 이유는 무엇일까요?

"특별한 이유는 없어요. 어쨌든 싫어요."

이렇게 말하고 싶을지도 모릅니다. 하지만 당신이 언제 A씨에게 불쾌함을 느꼈는지, 과거에 있었던 구체적인 상황을 떠올리며 살펴보세요.

자신의 마음을 탐색하다 보면 'A씨는 나에게 일을 떠넘긴다' '날 감시하면서 사사건건 잔소리를 늘어놓아 사람을 질리게 만든다' 등 구체적으로 A씨의 어떤 언동이 당신에게 상처를 주고 화나게 했는지 깨닫게 될 거예요.

상대와 성격이 전혀 맞지 않아 힘들 때는 감정을 억누르며 참기보다 '나는 이 사람이 싫다. 이 사람과 있으면 거북하다' 하고 자신의 좋고 싫은 감정을 있는 그대로 인정하는 편이 좋습니다. 그러면 갈등이 일어나기 전에 '불편한 나의 감정을 존중하여 이 일을 거절하자' '그 사람과 너무 가까이 지내지 말자' 하고 자신을 지키는 데 에너지를 사용할 수 있습니다. 감정을 억누르지 않는다고 해서 상대에게 자신의 감정을 모두 내보일 필요는 없습니다. 자신의 감정을 스스로 솔직하게 인정하기만 해도 충분합니다.

그렇게 하면 냉정하게 대처할 수 있게 되어 감정적으로 다투는 사태까지는 발전하지 않습니다. 나아가 싫어하는 상대와도 공적인 관계로 적당히 선을 긋고 지낼 수 있게 됩니다.

 '일할 때는 무조건 참기'를 그만둔다

· 그만둔 사람 ·
싫어하는 사람과 적절히 거리를
유지하고 일에 집중한다.

· 그만두지 못하는 사람 ·
불쾌감에 휩싸여
일에 집중하지 못한다.

서로에게 불쾌감을
적립하는 태도,
상대를 바꾸려는 노력

타자중심으로 사는 사람(21쪽 참조)은 다른 사람들을 보며 "어쩌면 저렇게 비상식적이지?" "정말 믿을 수 없을 만큼 무책임해" 하고 쉽게 화내거나 비판합니다.

이렇게 상대를 부정하거나 비판할 때 당신의 마음은 어떤가요? 상대를 기분 좋게 느끼나요? 상대와 친해지고 싶다고 생각하나요?

이럴 때 "상대가 태도를 바꾸면, 친하게 지내고 싶어요"라고 말하는 사람이 있습니다. 하지만 상대를 부정하고 싶다는 것은 자신이 상대를 못마땅하게 생각한다는 의미이기도 합니다.

"네? 너무 당연한 말 아닌가요?" 하고 반문하고 싶을지도 모르겠네요. 하지만 진심으로 이를 이해하는 사람은, 자신이 상대를 못마땅하게 여기면 상대도 자신을 못마땅하게 여길 수 있다는 사실을 인정합니다.

자신은 상대를 부정하면서 상대는 자신을 좋아하길 바라는 것
은 불합리합니다. 즉, 당신이 상대를 못마땅하게 여기면 상대도
마찬가지입니다. 반대로 상대가 당신을 못마땅하게 여겨 당신도
상대에게 부정적인 인상을 받게 되었을 가능성도 있습니다. 어느
쪽이 먼저인지는 대부분 불명확합니다만, 저는 이러한 상호작용
을 '관계성'이라고 부릅니다.

다시 말해, 당신이 상대를 싫어하면 상대도 당신을 좋아하기가
어렵다는 의미입니다. 만약 상대가 당신에게 호감을 느끼길 바란
다면 당신 자신을 바꾸는 것이 가장 빠른 방법입니다. 다만 그렇
게까지 해서 상대의 호감을 사는 것이 정말로 가치 있는 일인가는
별개의 문제이지만요.

나는 싫지만 상대방은 좋아해 주길 바란다고?

모든 일은 관계성으로 성립됩니다. 이는 매우 중요합니다. 타자
중심인 사람은 사고 안에 관계성을 받아들이지 못합니다.

관계성은 평소 무의식중에 일어나는 정보 교환으로 성립합니
다. 우리는 자기도 모르는 사이에 상대방의 정보를 받아들이고,

상대에게 자신의 정보를 보냅니다. 서로 정보를 주고받으니 한쪽이 가진 부정적 정보는 당연히 다른 쪽에도 전달됩니다.

예를 들어볼까요? 부모가 자녀에 대해 "우리 애는 공부를 싫어해서 큰일이야" 하고 불평했습니다. 그런데 이는 아이가 원래 공부를 싫어했다기보다 부모와 자녀의 관계성 때문에, 즉 부모의 부정적 정보가 자녀에게도 전달되었기에 공부를 싫어하게 되었다고 말할 수 있을지도 모릅니다.

부모가 온종일 아이를 감시하며 공부하라고 끊임없이 잔소리하면, 아이는 공부에 대해 어떤 인상을 받을까요? 지나치게 공부를 강요받아 기분이 나빠지고, 그에 대한 보복으로 공부와 멀어질 수도 있습니다. 이처럼 아이가 공부를 싫어한다면, 강요하고 강요받는 부모와 자녀 사이의 관계성에서 비롯되었을 가능성도 있습니다.

남녀노소 누구든 불쾌감을 느끼면 이러한 감정을 해소하고 싶다고 생각합니다. 그런데 해소할 방법을 모르니, 복수하거나 반박하는 방법으로 상대방에게 불쾌감을 되돌려줌으로써 자신의 불쾌감을 해소할 수 있다고 믿는 것이지요.

관계성의 관점에서 보면, 당신이 상대에게 느끼는 감정을 상대도 당신에게 똑같이 느낀다고 합니다. 이는 상대가 자신에게 준 감정을 자신도 상대에게 똑같이 돌려준다고도 말할 수 있습니다.

물론 객관적인 선악과 옳고 그름은 분명 존재합니다. 하지만 일반적인 인간관계에서 '이 사람의 이런 점이 마음에 들지 않아' '어째서 뭐든지 적당히 넘어가려고 할까?' '몇 번이나 말해도 전혀 반성하거나 듣지 않으니까' '일도 못하는 주제에 잘도 저런 무책임한 일을 저지르는군' 하고 상대의 언동을 부정적으로 인식하면, 상대도 당신의 언동을 똑같이 비판적으로 바라보게 됩니다.

이처럼 서로 못마땅하게 여기는 관계성에서는 당신과 마찬가지로, 상대도 나름대로 이쪽의 싫은 점을 보며 불쾌감을 느낍니다.

상대를 위해 자신이 바뀔 필요는 없다

그러므로 상대가 바뀌길 기대하거나 요구하는 것은 무리입니다. 마음에 들지 않는 상대가 내 마음에 들게 바뀌길 바랄수록 상대와는 마찰이 생겨 관계가 더 나빠질 테니까요. 따라서 상대가 아무리 마음에 들지 않아도, 상대에 대한 당신의 인식을 바꾸지 않는 한 상대는 바뀌지 않습니다.

　그렇지만 '상대를 바꿀 수 없다면, 상대를 위해 내가 바뀌어야 하는 걸까?' 하는 생각도 잘못되었습니다. 상대를 바꾸기 위해 나를 바꾸려고 노력하기보다, 자신이 성장할 수 있도록 힘쓰는 편이 훨씬 효과적이고 보람 있는 일이라고 생각하지 않으신가요?

　관계성에서는 '나를 위해, 내가 기분 좋아지려면 어떻게 해야 할까?' 여기에 초점을 맞추는 자기중심적 발상만으로 충분하답니다.

 POINT '상대를 바꾸려는 노력'을 그만둔다

· 그만둔 사람 ·	· 그만두지 못하는 사람 ·
상대를 바꾸기보다 자신이 성장하도록 힘쓴다.	상대가 자기 뜻대로 행동하도록 계속 요구한다.

남의 눈치를 살필 때 나오는
거짓 표정, 두려움의 웃음

자기도 모르게 습관적으로 억지웃음을 짓는 사람이 있습니다.

예를 들어, "상대방이 나에게 일을 떠넘겨 짜증이 났지만, 분쟁을 일으키고 싶지 않아 억지로 웃으며 받아들였어요" "회의에서 상대에게 지적받았을 때, 대답이 궁해 억지웃음을 지어 대강 얼버무렸어요"와 같은 경우에서 짓는 억지웃음은 곤란하고 거북한 자리나 상황을 모면하는 데 유용합니다.

어떻게 대답하고 처신해야 할지 모를 때도 억지웃음으로 얼버무리면 다툼을 피하기 쉽습니다. 따라서 자신을 지키는 하나의 방법으로 억지웃음이 꼭 나쁘다고 말하기는 어렵습니다.

하지만 억지웃음은 다른 말로 두려움의 웃음이기도 합니다. 즉 웃고 싶어 웃는 것이 아니라, 상대가 두려워서 웃는 웃음이라는 의미이지요.

두려운 상황에서 짓게 되는 억지웃음

상대가 자신의 두려움의 웃음을 눈치채지 못할 거라고 믿는 사람도 있지만, 내가 두려움의 웃음을 지으면 상대방은 십중팔구 알아차립니다.

두려움의 웃음은 상대에게 마음을 열지 않는 모양새로 비칠 수 있습니다. 어색하고 애처로우며 부자연스럽다는 인상을 주기도 하지요. 또한 상대에게 두려움을 느끼면서도 자동 반사처럼 억지 웃음을 짓게 된다면, 그런 자신이 스스로 한심하고 비참하게 느껴질지도 모릅니다.

'그때 억지웃음을 지어 어물거리지 말고 내 생각을 확실히 말했으면 좋았을 텐데' 하고 후회하거나 자신을 책망하고, '이번에도 억지웃음으로 얼버무리다니, 난 정말 한심한 인간이야' 하며 자기 혐오에 빠질 수도 있습니다.

게다가 두려움의 웃음이 습관처럼 굳어지면 정작 울고 싶을 때 마음껏 눈물이 나오지 않습니다. 때에 따라서는 슬퍼서 눈물을 흘리다가도 무심결에 미소를 짓는 등 혼란스러운 반응이 나타나, 무엇보다도 그런 자신이 스스로 고통스럽게 느껴지기도 합니다.

두려움의 웃음 때문에 뭉친 근육을 풀어준다

두려움의 웃음을 짓는 게 습관이 된 사람은 긴 세월 동안 느낀 두려움 때문에 목과 어깨가 뻣뻣하게 굳어 있거나 심하게는 강철처럼 단단해져 있습니다. 그런 사람은 경직된 근육을 풀어주기 위해 신체를 유연하게 만드는 연습부터 해보는 편이 좋습니다.

[두려움의 웃음에서 벗어나는 긴장 완화법]

1. 온몸에 힘을 주었다가 한꺼번에 쭉 뺀다. 이를 느긋하게 정성을 들여 반복한다.
2. 힘을 빼고 근육이 이완된 상태를 충분히 느낀다. 기분이 좋아질 때까지 음미한다.
3. 2의 상태에서 의자에 앉거나 벽을 등지고 선다. 몸을 온전히 내맡기는 기분으로 의자 등받이나 벽에 기댄다.

두려움의 웃음을 짓는 사람은 마음이 두려움으로 가득 차 있어 의자 등받이나 벽에 기대어 긴장을 푸는 일조차 버겁게 느껴집니다. 그런 사람일수록 신체를 이완하는 이 긴장 완화법을 꼭 실천해보길 바랍니다.

온몸의 힘이 빠진 상태를 실감할 때까지 반복해서 해보세요. 몸에서 힘이 전부 빠지면 얼굴 근육도 함께 풀어진답니다. 특히 턱 근육에 힘을 빼보세요. 그리고 풀어진 감각을 자각하고 충분히 음미해보세요.

두려운데 웃는 것은 몸과 마음의 불일치

앞에서 소개한 긴장 완화법을 실천한 사람 중에는 느슨해진 감각에 위화감을 느껴 "왠지 통명스러운 표정이 될 것 같아 불안해요"라고 말하는 사람도 있습니다.

그럴 때는 "무뚝뚝한 표정이 더 보기 좋아" 하고 자신에게 말해주세요. 자신이 무뚝뚝한 표정을 지으면 상대방에게 실례라고 생각할지 모르지만, 긴장을 푼 상태가 상대에게는 더 편안한 인상을 준답니다.

마음은 두려워하면서 얼굴은 웃는다면, 몸과 마음이 일치하지 않는 상태라는 뜻입니다. 몸과 마음이 일치하지 않는 상태에서는 불안하고 불쾌한 느낌이 듭니다.

반면 몸과 마음이 일치하는 상태에서는 편안하고 기분 좋은 느낌과 안도감이 찾아옵니다. 이때 온몸의 근육이 이완되면 자연스레 표정도 미소를 띠어 보이지요.

이처럼 무리해서 억지웃음을 짓지 않아도 힘을 빼고 긴장을 풀면 마음과 몸이 조화를 이룹니다. 이러한 상태에서는 자신을 인정하고 사랑하는 마음이 저절로 생겨난답니다.

 POINT **눈치를 살피는 '두려움의 웃음'을 그만둔다**

• 그만둔 사람 •	• 그만두지 못하는 사람 •
자연스러운 미소로 상대에게 좋은 인상을 준다.	억지웃음을 들켜 상대에게 미움을 받는다.

관계를 암호로 만드는 마음,
해독하기

앞에서 소개한 두려움의 웃음 짓기를 그만두려면 자기중심이 되어야 합니다.

타자중심이 되면 의식이 늘 남을 향해 있기에 끊임없이 상대방의 언동을 살피게 됩니다. 이럴 때 '저 사람은 나를 어떻게 생각할까?' '나에게 상처를 주지는 않을까?' 하는 마음으로 상대를 탐색하면 두려움이 점점 더 커집니다.

타자중심인 사람은 남의 안색을 살피느라 정작 자신의 마음은 보지 못합니다. 하지만 실제로는 자신의 마음뿐 아니라 상대의 마음도 보지 못해요. 오로지 상대의 표면적 언동에만 사로잡혀 있기 때문입니다. 이런 상태에서는 원만한 인간관계를 맺으려는 모든 노력이 헛수고가 될 수 있습니다.

반면 자기중심이 되면 의식이 자신을 향합니다. 말로 설명하기는 어렵지만, 이를테면 자신의 오감과 감정에 초점이 맞춰지는데 이는 자기중심이 되기 위한 필수 요소입니다. 자기중심이 되어 자신의 오감과 감정을 느낄 수 있는 힘을 기르면, 자신과 상대의 관계와 그 거리감을 자신이 느끼는 방식대로 가늠하게 됩니다.

상대의 언동보다 자신의 직감을 믿는다

타자중심이 되면 상대의 언동에 사로잡혀 상대가 하는 말을 일일이 신경 쓰게 됩니다. 예를 들어볼까요? 여기에 A씨, B씨, C씨가 있습니다.

A씨가 "안녕하세요" 하고 인사했습니다. B씨는 아무 말도 하지 않았습니다. C씨는 상냥하게 웃으며 "잘 부탁합니다" 하고 악수를 청해왔습니다.

이때 상대방의 말과 태도에 신경 쓰는 타자중심인 사람은 B씨에 대해 '저렇게 가만히 있다니, 뭔가 태도가 불량한 사람이다'라고 판단해 버립니다. 혹은 '아무 말도 하지 않는 걸 보니 나를 싫어하는군' 하고 생각할 수도 있습니다.

한편 A씨와 C씨에 대해서는 안심합니다. 특히 우호적인 태도를 보여준 C씨에 대해서는 '분명 나에게 호의를 품고 있다'라고 인식해 버립니다.

그런데 이와 반대로 자기중심이 되어 자신이 느낀 감정과 오감에 초점을 맞추면 어떨까요? 어디까지나 가정이지만, A씨에 대해서는 형식적인 인사를 한다고 느껴 특별한 감정이 일어나지 않습니다. B씨에 대해서는 자신에게 호의를 품고 있으나 부끄러워 아무 말도 못 하는 상태라고 느낄 수 있습니다.

C씨는 말과 태도는 우호적이지만, 어딘지 행동이 부자연스러워 우호적인 태도 뒤에 자신을 깔보고 무시하는 의식이 있다는 사실을 알아차릴지도 모릅니다.

느끼는 방식에 오답은 없다

그렇다면 상대방의 언동을 해독한 것과 자신이 느낀 것 중 어느쪽이 정답일까요? 절대적으로 옳다고 말하기는 어렵지만, 자신이 느낀 것이 정답입니다. 자신의 오감과 감정에 대한 감도가 둔한 사람을 포함해, 대부분 사람이 자신이 느낀 것을 정보로써 받아들이고 판단합니다.

타자중심이 되어 상대의 표면적인 말만 믿으면 정보가 왜곡되

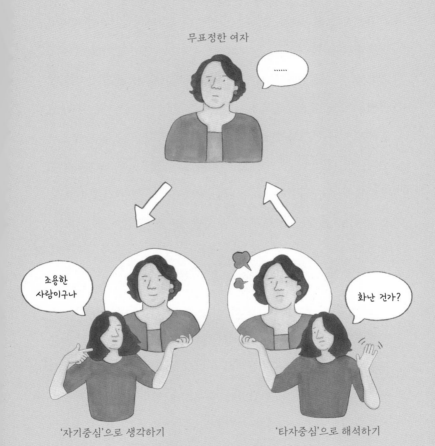

기 쉽습니다. 이번에는 앞에서 예로 든 A, B, C 세 명과 2시간을 함께 보낸다고 가정해봅시다.

자신이 느낀 것에만 초점을 맞췄더니 A씨와는 2시간이 지나자 지루해졌습니다. B씨와는 2시간이 지나도 마음이 편안해 더 오래 함께 있고 싶었고요. C씨와는 10분도 채 지나기 전에 자리에 앉아있는 것이 괴로워졌습니다.

물론 이는 어디까지나 '각자 자신이 어떻게 느꼈나'를 기준으로 한 결과입니다. 다른 누군가는 A씨와 있으면서 아무 느낌을 받지 못하고, B씨는 지루하고, C씨와는 이야기가 잘 통해 즐겁다고 느낄 수도 있습니다. 느끼는 방식은 사람마다 제각각이니까요.

그러니 '내가 잘못 느끼고 있는 게 아닐까?' 하고 걱정할 필요는 전혀 없습니다. 자기중심은 자신이 무엇을 기분 좋게 느끼는지가 기준입니다. 함께 있어 기분이 좋으면 자신과 성격이 잘 맞는 사람이고, 어쩐지 마음이 불편해져 피하고 싶다면 자신과 맞지 않는 사람이라고 판단하면 됩니다. 무엇보다 상대가 자기 마음에 드는지가 가장 중요하니까요.

우리는 상대방에게 느낀 것을 정보로 받아들이고, 그러한 정보를 서로 주고받습니다. 즉, 상대를 탐색하면 그 기색을 상대도 알아채게 됩니다. 상대방에게 탐색 당한다고 느끼면 기분이 좋을 리 없겠지요? 자신이 상대방을 신경 쓰면, 그것이 아무리 선의와 호의를 표시하려는 의도였다고 해도 상대는 신경 쓰는 의식 자체를 불편하게 느낄 수 있습니다.

마찬가지로 상대가 기분이 좋으면, 자신도 그것을 느껴 기분이 좋아집니다. 자신이 기분이 좋으면, 상대도 그것을 느껴 기분이 좋아집니다.

이처럼 상대가 어떻게 생각하는지 해독하려고 하지 말고, 자신이 기분 좋게 느끼는지를 기준으로 상대와 적절한 거리를 유지할 때 결과적으로 모두 편안해질 수 있답니다.

 상대의 마음을 '해독하기'를 그만둔다

· 그만둔 사람 ·	· 그만두지 못하는 사람 ·
상대의 내면을 이해하는 직감을 기른다.	상대의 언동에만 사로잡혀 자기 마음을 보지 못한다.

의견을 일치시키려고 하는 독단, 형식적인 신뢰 관계

친구나 이성, 애인이나 가족 간의 신뢰란 무엇일까요?

상대방에 관해 서로 모르는 점이 없고, 생각과 의견이 일치하며, 자신의 비밀을 감추기보다 공유하는 상태를 신뢰 관계라고 생각하는 사람도 있을 것입니다.

이런 관계를 이상적으로 여기는 사람은 '상대가 나에 관해 속속들이 알아주면 좋겠다. 나도 상대에 관해 전부 알고 싶다' 하고 바라며 상대의 마음속으로 점점 더 깊이 파고들기를 원합니다. 만약 상대가 자신을 알아주지 않으면 '나를 알아줘, 이해해줘' 하고 스스로 만족할 때까지 계속해서 상대에게 요구하지요.

그리고 상대방이 무언가 의심스러운 태도를 보이면 '이 사람은 나에게 진실을 말하지 않는다'라며 불신에 가득 찬 상태로 상대를 탐색합니다. 실제로 상대의 소지품까지 뒤지고 싶어 할지도 모릅니다. 이렇게 자신의 만족감을 채우려고 필사적일수록 상대를 더욱더 몰아세우게 됩니다.

생각과 의견의 일치를 신뢰로 생각하면 힘들어진다

자신과 상대의 생각과 의견이 일치하면, 서로 신뢰하고 마음이 연결되어 있다고 느낄 수 있습니다. 물론 이것도 신뢰 관계를 이루는 하나의 조건이 될 수는 있습니다.

하지만 처음부터 서로의 생각과 의견이 일치하기를 목표로 한 결과라면, 신뢰 관계가 형성되었다고 말하기는 어렵습니다. 만약 이처럼 단순한 의견 일치가 신뢰라면, 의견이 다를 때는 어떻게 될까요?

어떻게든 한쪽에 의견을 맞추려고 할 것이고, 그러면 다른 한쪽은 자신의 마음을 속이게 됩니다.

한쪽이 자기 마음을 속이는 상태에서 신뢰 관계가 형성될 수 있을까요? 서로 양보하고 이해하는 것과 마지못해 자기 생각을 굽히고 타협하는 것은 전혀 다릅니다. 타협한다는 생각 속에는 신뢰감이 없습니다. 서로 신뢰하는 관계에서는 자신을 인정하고, 상대를 인정하는 태도가 필수입니다.

예를 들어볼까요? 자신의 취미는 A이고, 상대의 취미는 B입니다. 두 사람이 신뢰하는 관계라면, 자신이 A를 좋아한다고 해서 상대에게 A를 강요하지 않습니다. 상대의 기분과 의견을 존중하려는 마음이 훨씬 앞서기 때문이지요.

강연할 때 이런 질문을 받은 적이 있습니다.

"함께 여행할 때, 나는 A에 가고 싶은데 상대는 B에 가고 싶다고 하면 어떻게 하죠?"

이때 자신은 무슨 일이 있어도 A에 가야 한다고 주장하고, 상대도 반드시 B에 가야 한다고 고집을 피우면 어떻게 될까요? 이는 처음부터 두 사람이 다투는 관계에 있다고 할 수 있습니다.

이러한 관계의 두 사람은 가고 싶은 장소만 대립하는 것이 아니라, 어떤 상황에서도 항상 의견이 부딪칠 거예요. 즉, 두 사람에게는 '상대가 저렇게 말하면 나는 이렇게 말해야지' 하고 상대의 의견에 반대하려는 마음이 당연한 인식의 틀로 굳어져 있고, 그 바탕에는 다투는 의식이 있습니다. 다투는 의식이 있다면 이는 서로 신뢰하기 이전의 문제입니다.

그렇게 다투는 것은 자신을 인정하고 상대를 인정하는 태도가 무엇을 의미하는지 경험적으로 모르기 때문입니다. 이런 사람일수록 누군가와 신뢰 관계를 쌓으려면 자신을 인정하고 상대를 인정하는 태도를 반드시 배워야 합니다.

양보와 타협의 차이

서로 양보하고 이해하는 자세의 바탕에는 서로를 신뢰하는 마음이 있어야 합니다. 양보하는 마음을 갖기 위한 첫 번째 단계는 함께 이야기하기입니다.

이는 입에 거품을 물고 격론을 주고받는다는 의미가 아닙니다. 함께 이야기하는 것에서 가치를 발견하고 만족을 느끼려는 마음가짐이 있어야 한다는 뜻입니다. 이야기하는 과정 자체가 모두에게 만족스러우면 결과적으로 양보하는 마음이 생기고, 그것만으로도 충분히 서로 신뢰한다고 느낄 수 있습니다.

생각과 의견의 일치는 함께 이야기하는 과정을 소중히 여긴 결과일 뿐 '의견을 일치시키자!'라는 목표를 달성하려고 의도한 것이 아닙니다. 그러므로 양보와 타협은 다르답니다.

양보는 서로 존중하는 가운데 자기 생각을 전달하고 상대의 생각을 깊이 이해해, 모두에게 만족스러운 결과를 찾는 과정입니다. 반면 타협은 강요받았다는 의식이 동반됩니다. 상대에게서 타협을 끌어내리려면 자신도 타협해야 하므로, 결과적으로 누구도 만족하지 못하게 됩니다.

만약 두 사람이 서로 인정하는 관계라면, 앞의 질문처럼 제각각 A와 B를 원하더라도 상대의 의견을 존중할 것입니다. 그래서 '하루는 A에 가고 다른 날에는 B에 가는 식'으로 두 사람 모두 만족할만한 대체 방안을 생각해 냅니다. 가능한 범위 내에서 상대에게 최대한 협조하려고도 할 테지요. 이것이야말로 진정한 신뢰라고 할 수 있습니다.

POINT 형식적인 신뢰 관계를 그만둔다

· 그만둔 사람 ·
**서로 적당히 양보해
모두 만족스럽다.**

· 그만두지 못하는 사람 ·
**타협을 강요해
모두 불만족스럽다.**

지금 당장 그만둬야 할 관계습관

셋, 듣기

시간 도둑에게 '상담해주기'는 밑 빠진 독에 물 붓기

아무리 열심히 상담해줘도 보람을 느끼기 어려운 사람, 주변에 있지 않으신가요?

상담 내용도 다양하고 등장인물 역시 계속 바뀌는데도 '지난번에도 비슷한 내용이었는데'라는 생각이 들고, 새로운 문제가 생겼나 싶어 듣고 있으면 '어? 저번에 그 문제가 아직도 해결되지 않았어?' 하고 놀라기도 합니다.

열심히 조언해도 실행하는 기색이 없으니 '이 사람은 정말로 문제를 해결할 마음이 있는 걸까?' 싶어 이 시간이 지긋지긋해집니다. 이런 사람이 바로 당신의 시간을 빼앗는 시간 도둑입니다.

이런 관계를 참고 지속하면 상대에게 문자나 이메일을 받아도 답장하기 싫고 전화가 와도 피하고 싶어집니다. 게다가 요즘 많이 사용하는 스마트폰 채팅 애플리케이션이나 SNS 메신저 등에는

'메시지 읽음' 표시 기능이 있어 자신이 메시지를 읽었다는 사실을 상대가 바로 확인할 수 있습니다. 그래서 연락을 못 받은 척하려면 더 많은 노력이 필요하고, 방치하면 더 큰 죄책감이 듭니다.

이런 번거로움을 계속 참다가 말싸움으로 번지게 되면, 딱 한 번 싫은 소리를 했을 뿐인데 서로 서먹서먹해집니다. 심할 경우 오래 사귄 관계가 끝나버리기도 합니다.

상담으로 인간관계를 맺으려는 사람

만약 주변에 이렇게 피하고 싶은 사람이 있어 '정말 지겨워!' 하는 생각이 든다면, 이는 당연한 일입니다. 자신이 박정해서도 아니고, 죄책감을 느낄 일도 아니에요. 이는 상담이라는 방법으로 인간관계를 맺으려는 상대방의 목적 때문입니다.

그 증거로, 아마도 그 사람은 당신 말고 다른 사람에게도 똑같은 상담을 하고 있을 것입니다. 당신이 상담자로 부족해서가 아니에요. 단지 그 사람은 상담이라는 형태로 이야기를 나눌 사람이 필요하기에 그럴 뿐입니다.

문제를 해결하고 싶어 상담하려는 것이 아니니, 오히려 상담하는 문제가 해결되면 곤란하다고 무의식중에 생각할지도 모릅니다. 문제가 해결되면 더는 관계를 맺기가 어려우니까요.

자신도 모르는 사이에 지배당하고 있다

이런 상대를 상담할 때, 당신의 기분은 어떠신가요? '힘이 되어서 다행이다'라고 개운한 기분이 들까요? 아니면 이야기가 끝난 뒤 뭐라 말로 형용할 수 없는 꺼림칙한 기분에 휩싸일까요?

만약 진심으로 '상대에게 힘이 되어 다행이다'라고 느낄 수 없다면, 이는 당신이 '동정의 지배'에 넘어가 상대방에게 지배당하고 있다는 의미가 됩니다.

그런 상대에게서 "이야기를 들어줘서 기뻐. 정말 고마워. 덕분에 기분이 좋아졌어"라거나 "힘이 되어줘서 고마워. 조언해준 대로 했더니 잘 해결되었어"와 같은 말을 듣는 일은 없을 것입니다.

'상담해주다 보면 몇 시간을 잡아먹고, 듣고 있는 것만으로 마음이 무겁고 괴롭다'라고 느끼면서도 '친구라면서 상담에 응해주지 않는 건 너무 매정하잖아?' 하는 죄책감과 동정심 때문에 끝없이 상대방의 이야기를 들어줘야 한다면 어떻게 될까요?

자신이 상담에 응해준다고 생각하겠지만, 사실은 상대에게 지

남의 이야기를 계속 들어주는 것도 감정 노동

배당하고 끌려다니게 됩니다.

이것이 바로 '동정의 지배'입니다. 그렇다면 왜 지배라고 할까요? 간단히 말해서, 상대로 인해 이야기를 듣는 자신까지 점점 우울한 기분에 빠지거나 괴로워지기 때문에 그렇습니다.

상담에 응하지 않아도 자신은 나쁘지 않다

혹시 이런 상대가 당신에게 "상담하고 싶은 게 있는데, 지금 시간이 괜찮나요?" 하고 양해를 구한 적이 있나요? 당신이 그의 상담에 응하는 것을 괴로워한다는 사실을 상대방이 알아준 적이 있나요? 상대가 똑같은 횟수, 빈도, 시간에 걸쳐 당신의 이야기를 들어준 적이 있나요?

만약 상대방도 당신을 위해 똑같이 시간을 할애해준다면, 상대의 문자나 전화에 바로 응답하거나 기꺼이 시간을 내어 상담을 해주고 싶을지도 모릅니다. 하지만 대부분은 너무 일방적이라 괴롭고 싫은 마음이 듭니다. 친구에게든 부모에게든 이런 방식으로 지배당하는 사람은 당신 자신입니다.

"그래도 오랜 친구니까 관계가 끊어지면 나도 외로울 것 같아요"라고 말하는 사람도 있을 거예요. 당연합니다. 상대방을 상담해주다 보면 자신도 분명 위로받고 무언가 채워지는 기분이 들기도 할 테니까요.

다만 지금까지 당신이 상대방의 이야기를 들어주지 않으면 미안하다는 죄책감을 항상 느껴왔다는 점이 문제입니다. 아마 '상대가 곤란할 때 도와주지 않는 자신은 냉정한 인간이 아닐까? 잘못하고 있는 게 아닐까?' 하고 고민하며 괴로워했을 거예요.

하지만 지금 당신 자신에게 "그렇지 않다. 나는 지배당하고 있었다. 반드시 상대방의 이야기 상대가 되어주지 않아도 괜찮다"라고 말해주세요. 자신 스스로 그 사실을 진심으로 깨달으면, 상대에 대한 죄책감이 훨씬 가벼워진답니다.

POINT 시간 도둑에게 '상담해주기'를 그만둔다

• 그만둔 사람 •
일방적으로 시간을 빼앗기지 않고
마음도 홀가분해진다.

• 그만두지 못하는 사람 •
시간을 빼앗기고
갈수록 지치고 우울해진다.

내가 들을 수 있는 한계치를 넘어
한없이 들어주기

상대방에게 상담해줄수록 괴로워지는 이유가 '상대에게 동정의 지배를 받고 있어서'라고 앞장에서 말했습니다.

그런데 이렇게 이야기하면 대부분 사람이 "앞으로 시간 도둑 같은 사람과는 어울리지 않는 편이 좋을까요?"라고 묻습니다.

혹시 당신도 이렇게 묻고 싶으신가요? 그렇다면 당신 역시 사고에 빠져 있습니다.

남의 이야기를 반드시 끝까지 들을 필요는 없다

타자중심인 사람은 감정보다 사고가 앞서기에, 매사를 곧장 사고로 해결하려고 합니다. 사고는 인간관계를 한층 번거롭게 하는 주범입니다.

또한 사고를 우선하는 사람은 그럴 때마다 정해진 공식이나 지침을 따르고 싶어 합니다. 그래서 자기만의 판단 기준이 없어요.

바로 이 점이 문제입니다.

그러면 이럴 때는 어떻게 해야 할까요? 자신의 감정을 기준으로 하며 자신이 느끼는 방식대로 판단해야 합니다. 예를 들어볼까요?

동정의 지배를 받으면 죄책감 때문에 상대방의 이야기를 끊지 못합니다. 타자중심인 사람은 '0 아니면 100'으로 사고합니다. 모두 받아들이거나 전혀 받아들이지 않는 양자택일의 발상이지요.

그래서 상대방과 관계를 끊거나 혹은 유지하거나 둘 중 하나의 선택만 가능하다고 믿는데, 이때 관계를 유지하겠다고 선택했다면 상대의 이야기를 참고 끝까지 다 들어줘야 한다고 생각합니다. 이야기를 중간에 끊는다는 발상이 아예 없습니다. 혹은 머리로는 이해해도 실제로는 두려워서 실행하지 못합니다.

특히 동정의 지배를 이용해 당신에게 다가오는 사람과 가까이 지내면, 상대에게 미안하다는 죄책감과 상대방이 가엽고 안쓰럽다는 동정심 때문에 상대를 거절하기가 매우 어려워집니다.

이처럼 양심을 이용한 지배에서 자신을 지키려면, 자신의 감정을 우선하는 표현을 사용하는 것이 중요합니다. 예를 들어, 이렇

내가 들을 수 있는 '범위' 내에서만 들어주자

내가 들을 수 있는 건
여기까지

게 표현하면 어떨까요?

- 지금은 시간이 없지만, 이따가 저녁에는 괜찮아.
- 20분 정도는 시간 낼 수 있어.
- 오후 7시 전에는 통화가 가능해.

저는 이를 '어중간한 거절법'이라고 부릅니다. 어중간한 거절법은 어중간한 수용법이기도 합니다. 이런 거절법은 사고만으로는 익히기 어렵습니다. 매일 생활하면서 다양한 삶의 장면을 통해 어느 정도까지는 자연스럽게 익힐 수 있습니다.

머리로 이해한다고 해서 이런 표현이 바로 떠오르지도 않습니다. 그러니 지금 이 책을 통해 새롭게 배울 필요가 있습니다.

자신이 편하게 들을 수 있을 때까지만! '어중간한 거절법'

앞의 예처럼 상대의 이야기를 들을 때 자신의 감정을 기준으로 하면 어떻게 될까요? 자신이 불쾌해지려고 할 때 그만둘 수 있게 됩니다. 즉, '내가 부정적인 기분이 되려고 하면 듣기를 거절하자'라는 발상이지요. 이것이 어중간한 거절법의 기준입니다. 구체적으로는 다음과 같이 표현할 수 있습니다.

- 미안해. 이제 더는 내가 힘이 되어주지 못할 것 같아.
- 정말 들어주고 싶은데, 듣고 있으면 나도 괴로워져…….
- 미안하지만, 나중에 다시 이야기해도 될까?

이때 자신의 기분을 있는 그대로 상대방에게 말하는 점이 핵심입니다. 여기에는 자신의 기분을 최소한도라도 상대에게 전해, 자기 스스로 부정적인 감정에 더는 끌려다니지 않게 된다는 장점이 있습니다.

아무리 유익한 이야기라도……?!

기본적으로 자신에게 상처 주는 일이라면 반드시 피해야 합니다. 예를 들어, 선배에게 장황한 설교를 듣거나 상사에게 길고 지루한 주의를 들을 때 괴롭다고 느끼면서도 '모두 옳고 핵심을 찌르는 말뿐이니까 분명 나에게 도움이 될 거야'라고 생각하며 끝까지 참고 들어준 적이 있을지도 모르겠군요.

하지만 아무리 유익한 이야기라도 자신이 어떤 기분으로 듣고 있는지가 훨씬 더 중요합니다. 상대방의 이야기를 고통스럽게 듣는 것은 자신에게 상처를 주는 일이기 때문입니다.

상대방의 이야기가 아무리 훌륭해도, 자신이 고통을 참고 견뎌야 한다면 자신에게 절대로 도움이 되지 않습니다. 그러니 이때도 자신의 감정을 기준으로 하여 이야기를 끝맺는 편이 자신에게 훨씬 유익하답니다.

 POINT '한없이 들어주기'를 그만둔다

· 그만둔 사람 ·	· 그만두지 못하는 사람 ·
적당히 듣고 불쾌해지기 전에 끝맺는다.	남의 이야기를 참고 듣느라 자신에게 상처를 준다.

내 자존감을 바닥으로
떨어뜨리는 억지로 동조하기

인간관계의 큰 고민 중 하나가 따돌림에 대한 두려움입니다.

　우리는 누구나 고독을 두려워합니다. 그래서 누군가와 함께 있기를 원하지요. 그렇기에 친하게 지내고 의지할 사람이 있으면 좋겠다고 생각합니다. 안심하고 함께 있을 수 있는 장소와 친구가 생기길 소망합니다. 이런 생각이 강한 사람일수록 친구 관계에 동경을 품습니다.

　'우리는 친구다'라고 의식하면, 그것만으로도 확실히 자신들이 특별한 사람이 된 듯한 기분이 듭니다. 언제나 함께하리라는 안도감도 느껴지지요.

　하지만 한편으로 친구에 대한 애착이 너무 강해 '이 친구들과 함께 있는 곳이 내가 안심할 수 있는 유일한 장소다'라고 느끼게 되면, 따돌림에 대한 두려움이 한층 더 커지게 됩니다.

자기 기분은 뒷전인 채 공감하기만 목적으로

친한 친구와 있거나 다른 사람과 대화하면서 "맞아, 맞아. 그래, 그랬구나" 하고 조금 과장되게 맞장구치며 그 자리의 분위기를 띄우려는 사람이 있습니다. 이런 사람은 필사적으로 상대에게 모두 맞추려고 하기에, 자신의 진짜 기분과 감정은 깨닫지 못합니다.

이제까지 이야기했듯, 타자중심인 사람은 자신만의 기준이 없습니다. 그래서 자기 스스로 판단하거나 선택하는 데 서툴고 자신감이 부족합니다.

특히 친구 관계에 의존하는 사람은 친구에게 동조하기 위해 자신의 기분과 감정을 뒤로 미룹니다. 그러면 갈수록 자신감이 떨어질 뿐 아니라, 모두와 의견이 일치하지 않으면 불안해집니다. 결국 친구와 함께 있을 때만 행동할 수 있다고 생각하게 되지요.

게다가 분위기를 맞추려고 계속 맞장구만 치면 나중에 분쟁이 일어났을 때 "이봐, 그때 너도 찬성했었잖아?" 하고 주위의 집중포화를 받을 우려도 있습니다. 그때 가서 '분위기를 맞추려고 했을 뿐 내 본심은 아니었는데' 하고 후회해봤자 소용없습니다.

그런데도 '남에게 맞추지 않았다가 따돌림을 당하면 어떡하지?' 하는 두려움을 끝내 떨쳐내지 못하는 사람이 있어요. 이럴 때는 어떻게 해야 할까요?

'친구와 함께 있고 싶다' '모두의 평화를 깨고 싶지 않다' '하지만 남에게 맞추기만 하는 건 너무 괴롭다' 하는 모순된 바람이 번갈아가며 들 때, 이런 바람을 충족할 방법이 있습니다.

'맞아, 맞아' 대신에 '그렇구나'

'맞아'와 비슷하지만, 의식해서 말하면 의미가 완전히 달라지는 말이 있습니다. 이는 상대의 생각과 의견, 감상을 인정하는 말입니다. 바로 '그렇구나'입니다.

단순히 상대방에게 동조하기만 하는 "그래, 맞아"와 상대의 생각과 의견, 감상을 인정하는 "그렇구나"의 차이를 느껴보세요. 문자로만 보면 이해하기 어려울지도 모르니, 위의 두 표현을 소리 내어 읽으면서 마음에 울리는 차이를 느껴보시길 바랍니다.

전자는 상대에게 온전히 동조하는 타자중심의 표현입니다. 후자는 '네 사고 방식과 이해하는 방식을 이해한다. 그런 너를 인정한다'라는 의미를 담은 자기중심의 표현이고요. 굳이 말로 표현하지 않아도 "그렇구나"에는 '내가 동의하는지와 별개로 네 의견을 존중한다'라는 자기중심적 의식이 담겨있습니다.

냉정한 태도로 상대에게 "그렇구나"라고 말하면 언뜻 차가워 보일지도 모릅니다. 하지만 그 바탕에는 '네 생각과 의견, 감상을 인정한다'라는 생각이 깔려있으므로 오히려 당신이 상대를 제대로 마주하고 있다는 인상을 줄 수 있습니다.

"그래, 맞아"를 연발하며 무슨 말이든 무턱대고 동조하는 사람보다, 상대방의 의견을 존중하면서도 뚜렷한 자기 의견을 가진 사람이 더욱더 신뢰받습니다. 이는 문자 자체에서 느껴지는 표면적 인상이 아닌, 전하는 사람의 기분이 함께 드러나는 표현 방식의 인상으로 이해하면 된답니다.

한 가지 더, "그런가요?" 하고 말을 잘라 상대의 이야기를 끝내는 방법도 있습니다.

비슷한 표현으로 보여도 "그렇구나"가 단지 상대의 의견을 존중하는 데서 그친다면, "그런가요?"는 미묘한 어감의 차이로 자신은 상대와 의견이 다르다는 사실까지 전할 수 있습니다.

여기에는 '내 의견은 너와 다르다. 하지만 네 의견을 알겠다'라는 의미를 포함하기도 합니다. '정말 그럴까?' 하고 의문을 표하거나 '난 그렇게 생각하지 않는다'라고 의견의 차이를 더욱더 강조하는 말이 될 수도 있습니다.

'네 의견은 하나의 의견으로써 존중한다. 내 의견은 다르지만, 굳이 여기서 논쟁하며 주장하고 싶지는 않다'라는 의미로 "그런가요?"를 사용해보세요. "그런가요?"로 이야기를 끝맺는 행위는 듣는 사람이 자신과 자신의 시간을 지키는 데 매우 도움이 될 거예요.

 '억지로 동조하기'를 그만둔다

· 그만둔 사람 ·	· 그만두지 못하는 사람 ·
"그렇구나" 하고 말하며 상대와 자신의 의견을 명확히 구분한다.	따돌림을 두려워해 "그래, 맞아" 하고 계속 맞장구친다.

상대의
감정 쓰레기통을 자처하는
불평과 험담 들어주기

상대의 이야기를 듣고 있기만 하는데도 급격히 피곤하게 만드는 사람이 주변에 있나요? 혹시 당신이 상대의 이야기를 마음속으로 부정하면서 듣고 있는 건 아니고요?

예를 들어, 한 친구가 그 자리에 없는 친구 A에 대해 "A는 내가 하는 말을 일일이 따지고 들어서 짜증 나"라고 말했습니다. 그럼 당신은 직접 대꾸하진 못해도 '너도 막상막하로 남을 지적하잖아' 하고 마음속으로 부정할 때가 있었을 거예요.

혹은 직장에서 한 직원이 그 자리에 없는 동료 B에 대해 "정말이지 B는 책임감이 없어. 그럴싸한 말만 늘어놓고 제대로 실행한 적이 없다니까" 하고 말하면, 당신은 그 직원을 바라보며 '그러는 당신이야말로 책임감이 없잖아. 항상 말뿐이고 행동으로 옮긴 적이 있어?' 하고 마음속으로 부정한 적도 있을 거예요.

이처럼 상대의 말을 마음속으로 부정하고 싶어진다면, 지금 자신이 듣기 싫은 것을 참고 있다는 의미입니다. 이제까지 이야기했듯 참는 것은 자신의 마음에 상처를 주는 일입니다. 자기 마음을 다쳐가면서까지 남을 위해 참으면, 대체 무슨 이득이 있을까요?

억지로 맞추지 말고 고개만 갸웃해도

만약 당신이 상대방의 이야기를 들을 때 마음속으로 동의하지 못하면서 참고만 있다면, 무엇을 참고 있는지 그 원인을 찾아보세요. 구체적으로 상대의 어떤 부분을 참고 있나요?

혹시 자신은 상대방의 이야기를 듣고 싶지 않은데 "있잖아, 너도 그렇게 생각하지 않아?" 하고 억지로 동의를 강요받고 있지는 않나요? 당신이 참고 묵묵히 들어주면, 상대방은 '아, 이 사람이 내 이야기를 흥미롭게 듣고 있구나'라고 착각할지도 모릅니다.

이럴 때는 억지로 동조하며 고개를 끄덕이기보다 자신은 생각이 다르다는 의사표시로 고개만 갸웃해도 효과적입니다. 그 상황을 벗어나기 위해 당신이 먼저 흥미 있는 다른 화제를 꺼내는 방법도 있습니다.

당장 실천하지 못해도 괜찮습니다. '언젠가 내가 먼저 새로운

어설픈 동조보다는 고개만 갸웃거려도 된다

화제를 꺼내 봐야지' 하는 목표만 세워놓아도 기분 전환이 될 수 있으니까요.

혹은 상대가 늘 남의 험담만 일삼아 괴로운 사람도 있을 것입니다. 이때도 마찬가지로 "그렇구나. 그런데 미안하지만 난 별로 관심 없어"라고 상대에게 자신의 의사를 명확히 표시하면 좋습니다.

상대방의 불평과 험담을 멈추고 화제를 돌리고 싶을 때, '어떻게 해야 내가 편해질까?' 하는 자기중심적 시점에서 자기만의 표현을 찾는 과정도 자신의 마음을 지키는 연습이 됩니다. 꼭 해보세요. 듣기 싫은 불평과 험담에서 벗어나 훨씬 유익한 시간을 보내게 될 거예요.

 불평과 험담 들어주기를 그만둔다

· 그만둔 사람 ·	· 그만두지 못하는 사람 ·
상대의 불평과 험담에서 벗어나 즐거운 화제를 찾는다.	상대가 불만을 쏟아내는 배출구가 된다.

내 감정은 뒷전,
상대의 진의를 파악하기

타자중심인 사람은 상대방의 태도와 표정, 대화 내용 등으로 상대의 마음을 억측합니다.

이는 지나친 억측으로, 타자중심 사고의 전형(45쪽 참조)입니다.

이런 사람은 '저 말이 진심일까? 사탕발림이나 겸손한 척하는 말이 아닐까? 빈정거리는 건 아니겠지?' 하고 끊임없이 걱정합니다. 하지만 대부분 상대의 진짜 속마음과 상관없는 쓸데없는 걱정입니다. 제멋대로 생각한 근거 없는 믿음에서 출발했기 때문이지요.

그런 믿음을 바탕으로 듣기 싫은 이야기를 참고 들으면, '듣기 싫지만 내가 들어주고 있는 거야' 하는 거만한 마음이 생깁니다. 그 와중에 상대가 "이야기했더니 이런저런 생각이 나서 괜히 더 우울해졌어" 같은 말이라도 하면 '내가 너를 위해 이렇게 참으며 들어줬는데, 고맙다고 감사 인사 정도는 해야 하는 거 아니야? 그러지는 못할망정 어째서 그런 말을 하는 거야!' 하고 울컥 화가 날

지도 모릅니다.

상대방은 그저 자신의 기분을 말했을 뿐, 이야기를 들어준 당신에게 부정적 감정을 품고 있는 것은 아닙니다. 하지만 타자중심으로 사고하면 '상식도 없고 매우 무례한 사람이야'라거나 '일부러 내가 듣기 싫어하는 말을 하는 거 아니야?' 하고, 상대가 하는 말에 다른 의도가 숨어있다고 의심해 불신감이 싹틀 수 있습니다.

상대의 진의보다 내가 어떻게 느끼는지가 우선

이러한 걱정과 의심을 버리고 상대가 하는 말을 있는 그대로 받아들이려면, 역시 자신의 감정과 마음을 느껴야 합니다.

상대가 하는 말에 다른 의도가 있을지 모른다고 생각하는 이유는 마음으로 느끼기보다 머리로 사고하는 데 초점을 맞추기 때문이에요. 사고에 사로잡히면 자신을 느끼지 못하니까요.

예를 들어, 옷가게에서 옷을 입어보고 있는데 점원이 다가와 "손님은 피부색이 밝고 얼굴이 예뻐서서 이 옷이 정말 잘 어울리세요"라고 말했습니다. 이때 점원의 말을 부정적으로 의식하고 억측해 '남이 나를 예쁘다고 생각할 리가 없어. 화장해서 피부색이 밝아졌다는 걸 알고 있잖아? 어울리지도 않는 옷을 나에게 팔고

싶어서 입에 발린 소리를 하는 거야'라고 점원이 한 말의 이면을
지나치게 파고들면, 점원 때문에 기분이 상했다고 느껴집니다.

그런데 잠깐만 생각해보세요. 당신은 그 옷을 왜 입으셨나요?
그 옷이 마음에 들었기에 입어본 것 아닌가요? 그러니 점원의 말
을 신경 쓰기보다, 옷을 입고 싶어 한 자신의 감정에 더 집중해보
세요. 분명 마음에 든 옷을 입어 기쁘다고 느낄 거예요.

기쁨을 느끼면 행복해집니다. 행복해지면 점원의 말도 긍정적
으로 들리지요. 설령 점원이 입에 발린 소리를 한다고 느껴도, 자
신이 행복하면 점원이 하는 말의 이면 따위는 걱정하지 않습니다.
그보다는 '이 옷 마음에 드는데, 살까?' 하고 자신의 욕구에 초점
을 맞춰 만족감을 느낄 거예요. 이것이 상대의 진의를 걱정하지
않고 자신을 느끼는 방법입니다.

 상대의 '진의가 뭘까' 걱정하기를 그만둔다

• 그만둔 사람 •	• 그만두지 못하는 사람 •
상대의 말이 긍정적으로 들린다.	빈정거림일까? 사탕발림일까? 본심일까? 끊임없이 의심한다.

위로를 가장한 감정 노동,
언제든 들어주기

평소 어떤 기분으로 하루를 보내나요?

"항상 분주하고 정신이 없어요."

"휴식을 취해도 피곤이 풀리지 않아요."

"시간이 부족한 것도 아닌데, 어쩐지 초조해요."

만약 이런 기분이 든다면, 당신은 무엇을 하든 동시에 2가지 이상의 일을 하려고 하는 사람인지도 모릅니다. 예를 들어, 다음과 같은 식으로 말이지요. 이러면 머릿속 생각과 실제 행동이 뒤죽박죽되어 버립니다.

• 눈앞의 업무를 처리하면서 머릿속으로 오후에 참석할 회의를 생각한다.

• 모두와 점심을 먹으면서 오후에 해야 할 일을 되짚는다.

• 청소하면서 점심 식사 메뉴를 고민한다.

• 텔레비전을 보면서 내일 할 일을 계획한다.

예를 들어, 운동경기나 스포츠 등에 푹 빠져 육체를 움직이는 데만 집중하면 머릿속이 텅 비는 듯한 느낌이 듭니다. 자신이 하고 있는 일에만 집중하느라 사고가 정지해 홀가분하고 편안한 기분을 느끼는 상태이기도 하는데요. 이런 기분 좋은 감각은 몸과 마음이 일치할 때 찾아옵니다.

하지만 운동을 하며 다른 일을 생각하면 몸과 마음이 일치하지 않게 됩니다. 그러면 왠지 모를 위화감과 불쾌감이 느껴지는데요. 바로 몸과 마음이 일치하지 않기 때문입니다. 몸과 마음이 일치하지 않으면 짜증이 나고 초조해집니다.

또 다른 예로, 직장에서 후배가 당신에게 "이 서류를 어떻게 정리해야 할지 모르겠는데, 좀 가르쳐주시겠어요?" 하고 물어왔습니다. 이때 후배의 요청에 바로 응하려면 자신이 하던 일을 갑자기 중단해야 합니다.

그렇지만 '선배니까 당연히 도와줘야 한다'라는 생각에 본인의 일을 중단하고 사람 좋은 표정을 지어가며 후배를 도와주었습니다.

그런데 잠시 후 후배가 같은 일로 또다시 물어봅니다. 그러자 이번에는 진저리가 나서 "아까 가르쳐줬잖아요. 자기 스스로 해보려고 조금이라도 노력해본 거예요?" 하고 감정적으로 반응하고 싶어졌습니다. 하지만 그렇게 소리 지른 순간부터, 후배와의 관계는 서먹해질 수 있습니다.

어째서 당신은 후배의 질문에 감정적으로 느끼게 되었을까요? 후배의 도움 요청에 자신이 하던 일을 중단해야 했기 때문입니다. 후배를 도우면서 머릿속으로는 자기 일을 걱정하면, 행동과 마음이 일치하지 않는 부조화가 일어납니다. 이러한 불일치가 짜증을 일으켜 후배를 감정적으로 대하게 되었던 것이지요.

내가 괜찮은 시간에 말해줄게

그러면 이런 상황에서는 어떻게 하면 좋을까요? 이때도 자기중심으로 자신을 우선하는 것이 중요합니다.

우리는 상대방에게 무언가 부탁을 받으면, 거의 자동으로 자신의 기분과 감정은 무시한 채 곧장 상대의 부탁을 들어주려고 합니다. 바로 이것이 스트레스의 원인이 됩니다.

이럴 때는 상대보다 자신의 상황을 기준으로 하여 "제 일을 끝내야 하니까 30분만 기다려 줄래요?" 혹은 "이것만 끝내고 알려줄게요."라고 자신이 불쾌해지지 않는 방법을 제안해보세요.

혹은 참고 받아들이기보다 "지금은 시간이 없으니까, 미안하지만 다른 사람한테 물어봐 줄래요?" 하고 솔직하게 말하는 편이 자신과 상대 모두 불쾌해지지 않는 방법이기도 합니다.

이렇게 자신을 우선하면, 몸과 마음이 일치해 편안하고 기분 좋은 느낌을 받을 수 있습니다. 자신의 기분이 좋다는 것은 자신을 스스로 존중하고 있다는 의미랍니다.

몸과 마음이 조화로운 상태에서는 상대방의 이야기도 기꺼이 들어주게 됩니다. 상대도 당장 불쾌한 응대를 받기보다 미리 적절한 시간을 듣고, 그때 친절한 응대를 받으면 당신에게 좋은 인상을 받을 거예요.

자신을 우선하는 표현을 사용하면, '나를 존중해주길 바란다'는 메시지를 비언어적인 방법으로 상대에게 전달할 수 있습니다.

　이처럼 자신의 기분과 감정을 우선할 때야말로 인간관계의 번거로움이 줄어들 수 있습니다.

 POINT '언제든 말을 들어주는 좋은 사람'이 되기를 그만둔다

·그만둔 사람·	·그만두지 못하는 사람·
결과적으로 상대의 이야기에 더 진지하게 귀 기울인다.	짜증이 쌓여 상대에게도 불쾌감을 준다.

지금 당장 그만둬야 할 관계습관

넷, 말하기

면접보듯
모든 질문에 대답하기

타자중심인 사람은 상대방에게 질문을 받으면 반드시 대답해야 한다고 생각합니다.

예를 들어볼까요? 직장 선배가 "우리 부서에서 가장 불편한 사람이 누구야?" 하고 물어보면, '누구라고 해야 곤란해지지 않을까?' 등 어떻게 답해야 할지 진지하게 고민합니다. 혹은 "지금까지 어떤 사람이랑 사귀어봤어?"라고 물어보면, 직장 사람에게 사생활을 이야기하기가 꺼려지지만 '상대가 납득할만한 대답을 해야 할 텐데'라고 생각하며 열심히 대답을 궁리합니다.

'무조건 질문에 답하는' 안타까운 습성

이렇게 필사적으로 질문에 답하려는 모습은 마치 면접시험을 연상케 합니다. 왜 질문을 받으면 자동으로 반응하게 될까요?

자기 안에 '들은 대로 따른다' 하는 행동 규범이 이미 굳게 자리

잡아버려 '나에게는 대답할 자유도 있고, 대답하지 않을 자유도 있다'라는 사실을 인식하지 못하기 때문입니다.

누구나 정직함을 바람직하게 여깁니다. 당연히 정직한 편이 기분도 개운할 테지요. 하지만 자신이 대답하기 싫은 질문이라면 어떨까요? 상대방의 질문에 곧장 대답해버리고 나면 항상 습관적으로 반응하는 자신에게 혐오감을 느낄지도 모릅니다.

그리고 그런 자기혐오와 더불어 '이렇게 개인적인 질문을 하는 의도가 뭐지?' 하고 상대의 마음을 억측하거나 '저런 노골적인 질문을 하다니, 예의가 없군!' 하며 화를 낼 수도 있습니다.

모순적이게도, 타자중심으로 상대를 비판할수록 의식은 더욱더 상대를 향하게 되어 계속 참으면서도 상대의 말을 따르게 됩니다.

그렇다고 질문에 거짓으로 답하기도 영 꺼림칙합니다. 거짓말을 하면 거짓말했다는 사실 자체에 죄책감을 느끼게 되니까요. 이럴 때는 어떻게 해야 할까요?

불쾌한 질문에는 대답하지 않아도 괜찮다

"이런 질문에는 어떻게 답하면 좋을까요?"라고 묻는 사람이 많은데요. 이런 질문은 '상대방을 따르는 것'을 전제로 합니다.

자기 안에 대답하지 않아도 괜찮다는 자유가 없기에 '솔직하게 대답할까?' 아니면 '다른 말로 응수해줄까?' 2가지 중 하나만 선택할 수 있다고 생각하는 것이지요.

그래서 평소 상대에게 압박받을 상황을 대비해, '어떤 말투로 대답해야 상대를 제압할 수 있을까?' '어떻게 말해야 상대가 찍소리도 못하고 입을 다물까?' 하고 반격할 준비를 합니다. 이렇게 사고하는 것 자체가 이미 자신이 자유롭지 않다는 의미입니다.

자신이 자유롭다고 스스로 의식하면 불쾌한 질문을 받아도 겁내지 않고 "네? 어째서 그런 걸 물어보는 거죠?" 하고 상대방에게 직접 물어볼 수 있습니다. 즉, 상대에게 되묻기만 해도 아무도 상처받지 않고 대화를 마무리 지을 수 있답니다.

응수보다 침묵이 더 강력하다

순간적으로 말이 나오지 않아 침묵하게 될 때도 있을 거예요. 이것도 나쁘지 않습니다. 대답하기 싫거나 어떻게 대답해야 좋을지 모를 때, 억지로 대답하려고 하면 모호하고 기분 나쁜 표정을 짓기 쉬우니까요.

이럴 때는 애매한 대답보다 분명한 침묵이 더 좋습니다. 상대를

질문에 무조건 대답하지 않아도 괜찮다

무시하거나 노려보지 말고, 부드럽게 바라보며 침묵해보세요. 그러면 상대는 '내가 이상한 질문을 했나?' '말하기 싫은데 괜히 물어봤나? 미안하네'라고 느낄 거예요.

이처럼 상대방을 꼼짝 못 하게 하려고 이리저리 계산하며 교묘히 대답을 고르기보다, 상대방을 지긋이 쳐다보며 침묵하는 편이 상대에게 더 큰 타격을 줄 수 있습니다.

대답하기 싫은 질문에는 말 그대로 대답하지 않을 자유가 당신에게는 있습니다. 그런 자유를 자신에게 허락해보세요. 망설이거나 꺼림칙한 기분을 느끼지 않고 충분히 침묵할 수 있답니다.

POINT 면접 보듯 '질문에 반드시 답하려는 노력'을 그만둔다

· 그만둔 사람 ·
무례한 질문에는 답하지 않을
자유를 실천해 불쾌해지지 않는다.

· 그만두지 못하는 사람 ·
무례한 질문이라도 어떻게
답해야 할지 고민한다.

논리적으로 대응하는
정론으로 맞서기

마음으로 느끼기보다 머리로 사고하기에 의존하는 사람은 매사를 '옳고 그름'으로 판단하려는 경향이 있습니다.

예를 들어볼까요? A가 친구 B를 상담해주었습니다. A는 B를 위해 진지하게 고민하며 자신이 옳다고 생각하는 방법을 조언하려고 했습니다. 그런데 어쩐지 B는 A의 이야기를 주의 깊게 들으려는 기색이 없네요?

A가 하는 말은 누가 들어도 옳은 대답이었습니다. A는 어떻게든 B에게 이를 전달하려 했지만, B에게 감사 인사를 듣기는커녕 계속 자신의 말이 거절당한다는 느낌을 받았습니다. 왜 이런 일이 일어났을까요?

"객관적으로 판단했다면, B는 내 의견이 절대적으로 옳다는 사실을 이해했을 거예요. 그런데 전혀 내 말에 귀를 기울이려고 하지 않았어요."

A는 B의 완고함에 진저리를 치며 B를 탓했습니다.

"그때 기분이 어땠나요? 짜증이 나지 않았나요?"

"네, 확실히 그랬어요. B는 짜증이 나 있었어요."

"아니요, 그게 아니고요. A씨 본인이 어땠는지 묻는 거예요."

"네? 저 말인가요?"

"맞아요. 본인이 어떤 기분이었나요?"

"그러고 보니, 저도 짜증이 났었어요."

그러면 어째서 A는 짜증이 났을까요? B가 A의 말에 저항했기 때문입니다.

"하지만 누구에게 물어봐도 틀림없이 내 판단이 옳다고 말할 거예요."

A가 다시 자신의 옳음을 주장하기 시작했군요. 이때도 A는 똑같은 말을 반복했지만, 정작 본인은 그 사실을 깨닫지 못하고 있었습니다.

짜증내며 정론을 말해봤자 싸움의 원인만 될 뿐

A의 문제점은 자신이 옳다고 생각하는 점을 상대에게 계속 밀어붙이는 데 있었습니다. B는 그것에 저항감을 표현했었고요. B의 시점에서는 A가 자신의 주장을 강요하는 것으로 보였고, A의 시점에서는 B가 자신의 의견을 거절하는 것으로 보였습니다. 이때 두 사람은 이미 대립 관계에 있었습니다.

대립한다는 것은 심리적으로 싸우고 있다는 의미입니다. 그러니 A가 정론을 들고나온다고 해도 대립하는 상대인 B가 "과연 당신 말이 맞아요" 하며 찬성할 리가 없지요.

만약 B가 "그렇군요" 하고 동의한다면, A는 우쭐해져 "그렇지? 그러니까 내 말을 따라 이렇게 해보면 좋을 거야" 하며 B의 기분을 무시한 채 더욱더 자기주장을 밀어붙였을 게 틀림없습니다.

B는 A가 자신의 생각과 입장을 공감해주고 이해해주길 원했습니다. 정론의 조언이 아니라 "그래, 그랬구나. 정말 힘들었겠구나" 하는 공감의 말을 듣고 싶었던 거지요.

매사를 머릿속 사고로 이해하는 사람은 사고 속에서 즉시 해결책을 찾으려고 합니다. 논리적으로 사고하면 확실히 옳은 해결책을 찾게 될 때가 많겠지요. 하지만 우리가 항상 논리적으로 사고하고 행동하는 것은 아닙니다. 아무리 냉정해지고 싶어도 감정적으로 격해지거나 낙담했을 때는 참착하게 판단하고 행동하기 어렵습니다. 그런데 사고에 사로잡힌 사람은 자신이 감정적으로 되어도 그 사실을 깨닫지 못합니다.

아무리 훌륭한 정론도 대립 관계에서는 의미가 없다!

자신에게는 자신의 주장이 있고, 상대에게는 상대의 주장이 있습니다. 자기가 하는 말이 자신의 정론인 셈이지요. 하지만 이는 어디까지나 자신이 생각하는 자신만의 정론일 뿐입니다. 상대가 자신과 똑같이 생각하리라는 보장은 없습니다.

자신의 정론만을 주장하며 상대방에게 밀어붙이려는 데서 대부분 갈등이 시작됩니다. 한쪽의 의견에 대해 저항하고 반발하며 다투는 행위는 싸움일 뿐입니다. 싸우고 있는데 상대가 "알겠습니다. 도움이 되었습니다"라며 고마워할 리가 없겠지요?

그런 상태에서는 아무리 열을 내며 자신의 정론을 내세워도, 상대가 받아들이기는커녕 서로 더욱더 감정적으로 되어 한층 격하게 싸우고 상대에게 상처만 주게 됩니다.

이럴 때는 '정론'으로 맞설 필요가 없다

자신의 주장이 아무리 옳고 합리적이라도 서로 대립 관계에 있는 상태에서는 정론이 아무런 의미가 없습니다. 머리로 사고하는 정론보다 감정적인 대화가 훨씬 중요한 순간이지요. 이럴 때는 자신을 낮추고 대립 관계에서 물러나는 편이 현명합니다.

'큰일이야. 이대로 계속하면 감정적으로 되어 싸울지도 몰라' 하고 깨달으세요. 그리고 "이대로 계속 이야기하면 다투기만 할 뿐이니, 여기서 그만두자"라며 스스로 물러나세요.

앞의 예와 같은 상황에서는 "미안해. 나도 모르게 열중해버렸어. 하나의 의견으로 참고만 해줘"라고 말하며 A가 뒤로 물러나면, 서로 상처받지 않고 이야기를 마무리할 수 있게 된답니다.

 정론으로 맞서기를 그만둔다

• 그만둔 사람 •	• 그만두지 못하는 사람 •
자신의 의견을 상대방이 참고만 하도록 전달해 대립하지 않는다.	정색하고 자신의 주장만 내세워 상대방과 대립한다.

자신과 남을 좌절하게 만드는
'하지만'으로 시작하기

타자중심인 사람일수록 '하지만'이라는 말을 자주 사용합니다.

어찌 보면 당연합니다. 타자중심이 되면 의식이 상대를 향하게 되어 상대가 하는 말에 민감하게 반응하니까요.

예를 들어, 상대방을 긍정적으로 생각하면 상대와 마음이 통했을 때 "아, 정말요? 이해해요. 나도 그런 비슷한 경험을 한 적이 있어요"라며 상대를 인정하고 받아들이는 말을 많이 하게 됩니다.

반면 남을 부정적으로 생각하거나 경쟁하고 다투려는 의식이 강하면 그렇게 하지 못합니다. 상대의 말에 다음과 같이 대꾸하며 끊임없이 상대를 부정하고 상대가 하는 말이면 무조건 반론하려고 하지요.

• 하지만 나는 그런 이야기는 들은 적이 없어요.

• 하지만 나는 그런 말을 한 기억이 없는데요, 착각하고 있는

거 아니에요?

- 하지만 전에도 그렇게 해서 실패했다고 하지 않았나요?
- 하지만 그게 무슨 소용이 있겠어요?

'하지만'이라는 말의 어감 자체가 부정적인 마음을 불러일으키는 원인이 되기도 합니다. 게다가 '하지만'을 사용할 필연성이 전혀 없는 상황임에도 말을 시작할 때 꼭 '하지만'으로 운을 떼는 사람은 '그런데' '그러고 보니' '그렇지만' 같은 말 대신 무조건 '하지만'을 사용하기도 합니다.

자신은 특별한 의미 없이 '하지만'이라고 말했더라도, 상대방은 '이 사람이 나를 부정하고 있다'라고 느낄 수 있습니다. 이렇듯 '하지만'은 악의 없이 사용했어도 인간관계를 악화하기에 충분한 말입니다. 자신의 의식 밑바탕에 상대방을 부정하는 의식이 있으면 대화 중에 자꾸 '하지만'이라고 말하게 되니까요.

그리고 한 가지 더, '하지만'이 가진 '의미의 힘'도 있습니다. 아무리 자신에게 악의가 없어도, 무의식중에 '하지만'을 사용하다 보면 상대방과 대립해야만 직성이 풀릴 듯한 기분이 드는데, 이것이 바로 '하지만'이라는 말이 가진 의미의 힘입니다.

'하지만'을 많이 사용하면, 인생까지 부정적으로!

'하지만'이 자신을 향할 때도 있습니다. 예를 들어볼까요?

- 하지만 지금 와서 자신을 바꾸는 건 무리예요.

- 하려고 노력하고 있어요. 하지만 제가 머리가 나빠서요.

- 하지만 그렇게 해봤자 피곤하기만 하지 않을까요?

- 하지만 실패할 가능성도 있잖아요.

이렇게 '하지만'을 연발하면 어떤 기분이 들까요? 한마디만 했을 뿐인데, 마음이 가라앉고 자신감이 떨어지는 기분이 들지 않나요? '하지만'이라는 단 한마디가 그런 마음을 불러일으킨답니다.

게다가 자신에게 '하지만'이라는 말을 사용할 때는 "하지만 무리다" "하지만 소용없다" "하지만 할 수 없다" "하지만 괴롭다" "하지만 두렵다" 같이 자신의 의욕을 꺾는 말이 뒤따릅니다.

자신도 모르는 사이에 '하지만'이라는 말을 습관처럼 사용하는 사람은 고작 한 시간 동안에도 10번, 20번은 거뜬히 사용합니다. 이처럼 하루에 100번 정도 사용한다 했을 때 1년이면 3만 6,500

번을 사용하게 되고 10년이면 36만 5,000번, 20년이면 73만 번
이나 사용하게 됩니다.

이렇게나 자주 '하지만'을 사용하면 인간관계가 나빠지는 것은
물론이고, 자신의 인생마저 소극적으로 살게 되어 분명 어둡고 황
폐한 미래를 맞이하게 될지도 모릅니다.

'하지만' 대신에 '사이'를 두기만 해도

이런 인생, 살기 싫으시지요? 그러니 '하지만'을 사용하지 말아
주세요. 신경 쓰면 반드시 줄일 수 있습니다.

이때 매우 효과적인 방법으로 '하지만' 대신에 '사이'를 두는 것
을 권합니다. 예를 들어, 말하는 도중 '하지만'을 넣으면 "너는 그
렇게 생각하는구나. 하지만 나는 이렇게 생각해"가 되어 상대방과
대립하는 인상을 줄 수 있으니, 이렇게 말해보세요.

"너는 그렇게 생각하는구나. (사이를 두고) 나는 이렇게 생각해."

실제로 소리 내어 읽으며 전자와 후자의 차이를 실감해보세요.
특히 후자는 천천히 '사이'를 느끼며 읽어보세요.

전자처럼 중간에 '하지만'을 넣으면 상대의 허락 없이 상대방

'하지만' 대신 사이를 두고 말을 시작하기

안으로 불쑥 들어가는 듯한 느낌이 들 거예요. 그러면 서로 자신의 영역을 침범당한 듯 기분이 언짢아지기 쉽습니다.

반면 후자는 각자의 의견이 자립했기에 거슬리지 않고 홀가분한 느낌이 듭니다. 이처럼 단어 하나만 주의해서 사용해도 인간관계의 마찰이 줄고 인생이 달라질 수 있답니다.

 자신과 남을 모두 좌절하게 하는 '하지만'을 그만둔다

・그만둔 사람・
자신도 상대도 부정하지 않고
인생을 긍정적으로 살게 된다.

・그만두지 못하는 사람・
인간관계가 악화하고 인생도
소극적으로 살게 된다.

'나' 대신
'너/당신'을 주어로 말하기

평소 당신은 어떤 말을 자주 사용하나요?

사실, 이는 표현 방식이나 말하는 기술의 문제라기보다 의식의 문제라고 할 수 있습니다. 근본적으로 자신이 어떤 의식을 가졌는지에 따라 표현 방식이 달라지니까요.

예를 들어, 지배적인 사람은 상대에게 "이렇게 해!" "저렇게 해!" 라고 명령 투로 말하기 쉽습니다. 트집 잡길 좋아하는 사람은 "이건 왜 그런 거야?" "어째서 저렇게 했지?" 하고 상대를 책망하는 말을 자주 할 테지요. 무기력하고 자신감이 없는 사람은 "어차피 못 해" "보나 마나 안 될 거야"라며 될 대로 되라는 식으로 말할 때가 많을 것입니다.

표현 방식이 달라지는 가장 근본적인 원인은 자신의 의식이 자기중심인지 타자중심인지에 달려있습니다.

타자중심은 타인을 기준으로 하고, 자기중심은 자신을 기준으로 합니다. 이 차이는 말할 때 '너는'이나 '나는'을 사용하는 방식의 차이로 나타납니다.

타자중심인지 자기중심인지에 따라 표현 방식이 달라진다

타자중심인 사람은 타인을 기준으로 하므로 의식의 눈이 밖을 향해 있습니다. 자신의 의식이 항상 남을 바라보고 있는 셈이지요. 정신을 차려보면, 머리와 마음이 온통 다른 사람에 대한 생각으로 가득 차 있을 때도 많습니다. 그래서 다음과 같은 표현을 자주 사용합니다.

- 너는 왜?
- 너는 대체 무슨 생각인 거야?
- 저 사람은 대체 뭘 하려는 거지?

반면 자기중심인 사람은 자신을 기준으로 하므로 본인에게 관심을 기울입니다. 그래서 다음과 같은 표현을 자주 사용해 나의 기분과 욕구와 감정을 깨달으려고 합니다. 그리고 그것을 소중히 여깁니다.

- 내 기분은 어떨까?

- 나는 어떻게 느낄까?

- 나는 뭘 하고 싶을까?

이처럼 타자중심인 사람과 자기중심인 사람은 근본적인 의식의 토대 자체가 다릅니다. 그리고 이는 평소 어떤 말을 사용할지 선택하는 기준이 됩니다.

'너'를 계속 사용하는 사람은 의존하는 사람이다?

제가 주장하는 자기중심 심리학은 자신을 인정하고, 상대를 인정하는 것을 목표로 합니다. 이는 자신이 선택한 삶의 방식을 인정한다는 의미이자, 동시에 상대가 선택한 삶의 방식도 인정한다는 의미입니다. 바꿔 말하면, 서로 자립한 모습이지요.

예를 들어, 타자중심으로 사고하는 A가 친구 B에게 "너는 어째서 내가 말한 대로 하지 않아?"라고 '너'를 주어로 말했다면, 이미 A는 B의 선택과 삶의 방식에 참견하고 있는 셈이 됩니다. 이와 같이 상대의 영역에 제멋대로 침범해 상대에게 자신을 따르라고 강요하면 상대와 관계가 나빠질 수밖에 없습니다.

그 대신 "나는 이렇게 생각해. 너는 어떻게 생각해?" 하고 먼저 '나'를 주어로 하여 말해보세요. 이런 표현의 바탕에는 자신의 의견을 소중히 하면서 상대의 생각도 존중하는 의식이 깔려 있습니다.

한 가지 더, 상대에게 조언할 때도 표현 방식을 다르게 할 수 있습니다.

- "(너는) 그렇게 하면 안 돼. 이렇게 해야 해."
- "나라면 이렇게 했을 거야. 너도 한번 해보면 어때?"

전자는 상대의 행동을 부정하며 자신의 방식을 강요합니다. 이때 결과가 좋으면 다행이지만, 만약 상대가 실패하면 어떻게 될까요? 남이 실패한 책임을 자신이 뒤집어쓴 꼴이 되어 조언한 일이 긁어 부스럼이 되고 맙니다. 설령 자신에게 책임이 미치지 않아도 무책임하다는 비난을 면하기는 어려울 거예요.

이와 달리 후자는 자신의 경험을 먼저 말합니다. 그리고 상대에게 할지 말지를 묻습니다. 결정은 상대가 하게 두고요. 자신의 조언을 받아들여도 상대가 직접 선택했으니 자신은 결과에 대한 책임이 없게 됩니다.

이처럼 '너'를 주어로 하는 표현 방식은 상대방과 다투기 쉽고, 남의 책임까지 뒤집어쓰게 되는 등 자신에게 위험 부담이 높습니다.

하지만 '나'를 주어로 하는 표현 방식은 타인에게 의존하지 않는 자립한 말투로, 상대의 영역에 제멋대로 침범하지 않아 자신을 지킬 수 있습니다.

평소 '너'를 주어로 말하는 데 익숙하신가요? 앞으로는 '나'를 주어로 한 표현으로 바꿔 말해보세요. 의식의 바탕이 타자중심인지 자기중심인지에 따라 표현 방식이 달라진다면, 반대로 표현 방식을 바꿔 의식을 자기중심으로 돌리는 일도 가능하답니다.

 '너(당신)'를 주어로 하여 말하기를 그만둔다

· 그만둔 사람 ·	· 그만두지 못하는 사람 ·
'나'를 주어로 하는 자립한 표현으로 자신을 지킨다.	남에게 지나치게 간섭해 실패의 책임까지 떠안는다.

눈을 맞추지 않고
말하기

다른 사람과 대화할 때 고개를 숙이거나 미묘하게 시선을 피하는 사람, 참 많지요?

상대방이 두렵거나 자신이 상처받을지 몰라 겁이 나는 상황이라면, 상대의 시선을 피하고 싶은 것도 당연할 거예요. 이렇게 두려움으로 인한 마음의 부담을 줄이고 자신을 지키기 위해 시선을 피한다면 그 행동 자체는 나쁘지 않습니다.

그렇지만 관계성의 관점(70쪽 참조)에서 보면 이야기가 조금 달라집니다. 남과 함께 있을 때 자신이 어떤 표정과 태도, 행동을 보이는지와 상관없이 단순히 시선을 피하는 행동 하나만으로 상대에게 다른 인상을 줄 수 있기 때문이지요.

타인의 이런 행동을 선의로 해석하는 사람이라면 '낯가림이 심하구나' 정도로 이해해줄지 모릅니다. 하지만 관계성의 관점에서는 어떨까요? 예를 들어, 당신이 두려워하는 태도로 잔뜩 위축되어 상대의 시선을 피한다면 상대방은 당신을 고압적으로 대하기 쉽습니다. 지배적인 성향의 사람이라면 더욱더 당신의 위에서 영향력을 행사하려고 할 거예요.

혹은 당신이 반항적인 태도로 시선을 피한다면 상대방을 부정하거나 상대에게 시비를 건다고 오해를 받을 수도 있습니다.

시선을 피하면 심한 말을 할지도 모른다

시선을 맞추지 못하는 사람의 가장 큰 문제는 말하는 방식에서 드러납니다. 상대의 시선을 피하면 눈을 맞출 때보다 말하기가 더 편해지는데, 바로 이것이 문제입니다!

시선을 맞추면 상대와 마주 보게 됩니다. 상대와 마주 보며 이야기하면 서로의 기분과 감정을 이해하고 태도와 표정을 살필 수 있습니다. 시선을 피했을 때는 불가능한 일이지요.

시선을 피한 상태에서는 자신이 하고 싶은 이야기를 상대방에게 일방적으로 쉽게 말해버립니다. 상대가 자신의 시선 밖에 있으니 심한 말도 아무렇지 않게 입에 올리는 거지요. 시선을 맞추고는 도저히 하지 못할 말도 날카롭게 내뱉을 수 있습니다. 게다가 상대의 태도와 표정이 보이지 않으니, 자신이 말을 할수록 상대에게 상처 주고 있다는 사실조차 깨닫지 못합니다.

앞에서도 말했듯 시선을 피하는 행동 자체는 나쁘지 않습니다. 그렇지만 시선을 피하면 말썽이 일어나기 쉬운 게 사실입니다.

시선을 피하는 사람이 상대의 표정을 보지 못해 일어나는 문제는 이뿐만이 아닙니다. 예를 들어, 자신이 한 제안에 상대가 "그게 좋은 것 같네"라고 대답했습니다. 하지만 실제로 시선을 맞춰 상대의 표정을 봤다면 좋기는커녕 상대가 내용을 제대로 이해하지도 못했다는 사실을 알았을 것입니다.

이렇게 제대로 소통하지 않은 채 합의를 끌어내면 막판에 가서 상대방이 의견을 뒤집을지도 모릅니다.

처음부터 시선을 맞추고 상대의 표정을 살폈다면 "혹시 신경 쓰이는 부분이 있어? 괜찮으니까 말해 봐"라고 먼저 물어볼 수 있었을 것입니다. 그러면 막판에 가서 상대에게 의견을 거부당해 서로 불쾌해지는 일도 없었을 테고요.

억지로 시선을 맞추면 표정이 험악해진다

그렇다고 해서 두려움을 감추고 억지로 상대와 시선을 맞추려고 하면 오히려 역효과가 날 우려도 있습니다. 감정을 억누를수록 과도하게 두려움을 자각해 더욱더 두려워지기 때문이지요.

난처하게도, 자신의 그런 표정이 상대의 눈에는 매우 험악하게 비칠 수 있습니다. 자신의 험악한 표정을 보고, 두려움에 겁을 먹었다고 이해해주는 사람도 있을지 모릅니다.

하지만 대부분 사람이 '저 사람에게 공격받을 거야' '저 사람과 대화하면 심한 말에 상처받을 거야' 하며 되려 두려워합니다. 그래서 '그러므로 (너와) 이야기하고 싶지 않다'라고 반응하지요.

설령 이야기하게 되어도 상대방은 저 사람에게 '상처받지 않고 공격당하지 않게 세심히 주의를 기울여 이야기해야 한다'라고 생각해 지나치게 긴장하게 되어 불편함을 느낍니다.

자신은 상대방이 두려운 마음에 표정이 굳어졌지만, 반대로 그 굳은 표정이 상대의 마음에도 똑같이 공포심을 불러일으킬 수 있는 셈이지요.

그러면 두려움을 극복하고 상대와 자연스럽게 시선을 맞추려면 어떻게 해야 할까요? 주변에 있는 물건을 활용하여 상대방과 시선을 맞추는 2단계 방법을 함께 연습해봅시다.

시선을 피하면 놓치는 것들

[주변에 있는 물건을 만지며 촉감에 집중하는 연습]

1. 자신이 시선을 피한다는 사실을 인정한다.

먼저 상대를 두려워하는 자신을 인정하세요. 그리고 자신에게 이렇게 말해주세요.

"나는 상대가 두려워서 시선을 피한다. 하지만 억지로 시선을 맞추어도 상대방에게 좋은 인상을 주기는 어렵다. 시선을 피한다는 건 자신을 지키는 방법이므로 나쁘지 않다."

이를 통해 그런 자신을 조금이라도 인정할 수 있게 되고, 시선을 피하는 행동의 장단점과 억지로 시선을 맞추는 행동이 불러오는 역효과를 객관적으로 이해하게 됩니다.

2. 주변에 있는 물건을 만지며 긴장을 푼다.

다음으로 주변에 있는 물건을 한 손으로 잡아보세요. 휴대전화나 볼펜, 마시다 만 음료수 캔 등 손으로 잡을 수 있는 물건이면 무엇이든 좋습니다. 어떤 물건이든 하나를 집어 만져보세요. 감촉이 어떤가요?

굳이 말로 표현하지 않아도 괜찮습니다. 평소 아무 생각 없이 만지던 물건의 감촉을 새롭게 느끼고 음미하기만 해도 충분합니다.

천천히 힘을 빼고 손에 닿는 감촉에 집중해보세요. 느끼면 느낄수록 몸의 긴장이 풀어질 거예요. 촉감에 집중하면 사고가 멈추고 머리가 휴식을 취하게 됩니다. 기분 좋은 감각이 안도감을 주거든요.

이처럼 일상에서도 촉감을 통해 많이 느끼고 음미할수록, 머릿속에 있는 타인에 대한 생각을 내려놓는 시간이 점점 늘어납니다. 그러면 남과 시선을 맞추는 일이 자기도 모르는 사이에 더는 고통스럽지 않게 될 거예요.

POINT 눈을 맞추지 않고 말하기를 그만둔다

· 그만둔 사람 ·
상대의 기분과 감정을 알아차려
말썽을 사전에 방지한다.

· 그만두지 못하는 사람 ·
상대에게 심한 말을 쉽게 내뱉어
말썽을 일으킨다.

혼자서
'일방적으로 이야기하기'

일상생활에서 '대화의 캐치볼'이라는 표현, 자주 사용하시죠?

하지만 진정한 의미의 캐치볼 같은 대화를 하거나 보기란 어렵습니다. 자신은 캐치볼을 한다고 믿는 사람이 있을지도 모르지만, 사실은 상대방이 자신에게 전적으로 맞춰주고 있는 것은 아닐까요?

특히, 지배적 성향이 강하면서 타자중심인 사람은 상대의 이야기에 귀 기울이기보다 자신의 이야기를 일방적으로 더 많이 합니다. 이때 일방적으로 이야기하는 만족감에 기분이 좋아져, 상대방과 대화가 이루어지고 있다고 착각하기 쉽습니다. 하지만 이는 서로 주고받는 대화가 아니라 고집불통 평론가의 독선적인 논평과 다름없습니다.

이렇게 일방적으로 이야기하는 관계는 과거의 부부관계에서 쉽게 찾아볼 수 있습니다.

먼저 남편이 아내에게 자신의 관심사를 일방적으로 이야기합니다. 물론 아내는 전혀 관심 없는 이야기지요. 남편의 관심사는 점차 자기 자랑으로 바뀝니다. 아내는 지겨워하며 형식적으로 맞장구치지만, 남편은 자신의 이야기에 열중하느라 아내가 어떤 기분으로 듣는지 전혀 개의치 않습니다. 상대가 계속 들어주고, 자신이 일방적으로 이야기하는 이 상황이 즐거워 어쩔 줄 모를 뿐이지요.

이렇게 일방적으로 이야기하는 사람 대부분은 상대의 이야기를 가만히 들어주는 데 서툴 뿐 아니라 상대의 이야기에 관심조차 보이지 않습니다. 그래서 아내는 남편과 마음이 통하지 않는다는 불만과 쓸쓸함을 느끼게 됩니다.

그런데 사실, 일방적으로 이야기하는 만족감에 취해 있는 남편도 한편으로는 무의식중에 불만과 쓸쓸함을 느낍니다. 무의식의 영역에서는 자신도 상대에게 이해받지 못한다는 사실을 알기 때문이에요.

이에 남편은 더욱더 일방적으로 이야기하면서 불만과 쓸쓸함을 감추고 순간의 만족을 얻으려 합니다. 하지만 계속 일방적으로 이야기하기 때문에 오히려 마음이 채워지지 않는 악순환이 계속됩니다. 최근에는 이런 남편과 아내의 상황이 역전된 부부관계도 늘고 있다고 하네요.

경쟁하듯 이야기해 대립 관계가 늘어난다

이처럼 대화의 캐치볼을 무시하고 일방적으로 자기 이야기만 하는 이유는 무엇일까요?

한마디로 말해 경쟁하기 때문입니다. 남과 경쟁하며 승패를 다투려는 사람은 상대방의 이야기를 일방적으로 들어주면 진다고 생각합니다.

또 한 가지, 일방적으로 이야기하는 습관이 있는 사람은 어린 시절 가정에서 부모나 형제의 이야기를 일방적으로 들었던 경험이 있어, 늘 비참하고 허무한 마음을 안은 채 상대에게 진 기분으로 묵묵히 이야기를 듣기만 했을지도 모릅니다.

상하 관계가 엄격한 가정에서는 자신이 하고 싶은 이야기가 있으면, 중간에 상대의 이야기를 끊는 위험을 무릅쓰고 말할 기회를 쟁취해야 합니다. 게다가 한 번 빼앗은 뒤에는 다시 빼앗기지 않도록 자신도 일방적으로 이야기해야 자기 의견을 마음껏 호소할 수 있습니다.

게다가 그런 경우에는 상대방과 마음이 통하는 주제로 이야기하기보다, 자신이 얼마나 똑똑하고 훌륭한지 과시하기 위해 설교하거나 자랑하고 명령하거나 지시하는 데 집중했을 것입니다. 물론 그럴수록 대립 관계가 늘어나 인간관계도 복잡하고 번거로워집니다.

안심할 수 있어야 진정한 대화의 캐치볼

다른 사람과 승패를 겨루려는 사람은 서로 경쟁하거나 속마음을 탐색하지 않고 편안한 마음으로 누군가와 대화한 경험이 없습니다. 설령 편안한 대화를 할 때가 있어도, 마음이 다투고 있어 그런 순간을 깨닫지 못합니다.

예를 들어볼까요? 연인 사이에 이런 대화가 오가고 있습니다. 지금 두 사람은 함께 살면서 사용할 물건을 고르는 중이에요.

A) "난 이걸로 하고 싶은데, 어때?"

B) "그게 좋아?"

A) "응, 마음에 들어."

B) "그렇구나. 흠, 어떻게 하지?"

A) "넌 어떤 게 좋은데?"

B) "난 이게 좋은 것 같아."

A) "······그래. 그럼, 조금 더 찾아보자."

B) "알았어. 그럼 나도 더 알아볼게."

A) "그렇게 해주면 고맙지!"

매우 평범한 대화지요? 사람들에게 실제로 이 대화를 읽어보게 한 뒤 "기분이 어떤가요?"라고 물어보면, 대부분 사람이 "이렇게 대화한다면 정말 마음이 편하겠어요. 상대에게 상처받을까 두려워 상대를 경계하지 않아도 되니 안심될 듯해요"라고 대답합니다.

실제로 다음과 같이 편안한 관계에서는 대화의 승패를 겨룰 필요가 없습니다. 상대에게 갑자기 부정당하거나 거부당할지 모른다는 두려움을 느끼지 않아도 되니까요.

- 상대가 자신의 이야기를 들어 준다.
- 바로 대답하지 않아도 상대가 기다려준다.
- 상대가 본인의 주장만 강요하지 않는다.
- 자신의 의견을 솔직하게 이야기한다.

이렇게 안심하고 편안하게 대화하는 감각을 느껴보길 바랍니
다. 이것이 진정한 대화의 캐치볼입니다.

물론 항상 서로 의견이 일치하기는 어렵습니다. 하지만 안심하
고 대화하는 관계에서는 의견이 맞지 않아도 충분히 이견을 조율
해나갈 수 있습니다.

문제가 일어나도 상대의 이야기를 차분히 들으며 해결의 실마
리를 찾아갈 수도 있습니다. 상대와 이야기하는 시간 자체가 두
사람 모두에게 보람 있고 알찬 시간이 될 테니까요.

이처럼 편안하게 주고받는 캐치볼 같은 대화 속에서야말로 서
로 마음이 통한다는 만족감과 행복감을 느낄 수 있습니다.

POINT <u>혼자서 '일방적으로 이야기하기'를 그만둔다</u>

· 그만둔 사람 ·	· 그만두지 못하는 사람 ·
안심하고 대화해 보람 있고 알찬 시간을 보낸다.	마음이 통하는 대화를 하지 못해 불만과 쓸쓸함을 느낀다.

지금 당장 그만둬야 할 관계습관

다섯, 행동 방식

거절하지 못하다가
막판에 도망치기

강연을 하다 보면 "효과적으로 거절하는 방법이 있을까요?"라는 질문을 받을 때가 있습니다.

예를 들어, '휴일을 맞아 모처럼 집에서 빈둥거리며 놀고 싶은데 친구에게서 나오라는 연락을 받았다' 혹은 '정시에 퇴근하겠다고 결심했는데 선배가 잔업을 부탁했다'와 같은 상황이 발생했습니다. 상대를 싫어하지도 않고 거절할만한 용무도 없지만, 왠지 하고 싶지 않은 날도 있는 법이잖아요? 이럴 때 분란을 일으키지 않고 부드럽게 거절할 방법을 알고 싶다고 생각하는 것이지요.

거절하는 데 서툴다고 고민하는 사람 대부분은 '0 아니면 100'의 사고에 사로잡혀 있습니다. 이는 '100% 거절하거나 100% 받아들이는' 사고를 말합니다.

타자중심인 사람 역시 '상대에게 미안해서 거절하기 힘들다' '나도 언젠가 부탁할 일이 생길지도 모르니 받아들여야 하지 않을까?' 하고 고민합니다.

그런데 거절하지 못하는 사람일수록, 자신의 고민과 달리 상대에 대한 배려 없이 비상식적일 만큼 단칼에 부탁을 거절하기도 하는데요. 예를 들어, 주변에 이런 사람이 있지 않나요?

- 일단 받아들였다가 갑자기 취소하는 일이 자주 있다.
- 거절하지 않기에 해주리라 믿었는데, 전혀 해주지 않는다.

상대방 입장에서는 이런 사람을 보면 '이 사람은 왜 이렇게 제멋대로일까?' '어째서 항상 자기가 하고 싶은 대로만 할까?' 하는 인상을 받습니다. 혹은 '대체 얼마나 자유분방한 사람이면 이렇게 행동할 수 있는 거지?'라고 생각할지도 모르지요.

하지만 본인은 자신의 행동을 전혀 자각하지 못합니다. 자각하기는커녕 '나는 거절을 못 해서 정말 걱정이야' 하고 고민하고 있을지도 모릅니다.

갑자기 취소하는 습관은 거절하지 못하는 습관 때문?

자신은 거절하지 못해서 고민인데, 상대의 눈에는 별다른 말도 없다 막판에 가서 무책임하게 그만두는 제멋대로인 사람으로 보입니다. 왜 이런 일이 생길까요?

이는 매사를 '0 아니면 100'으로 판단하기 때문입니다. 그래서 일단 받아들였다가 막판에 가서 포기하거나, 단칼에 거절하거나 하는 상반된 태도를 보이는 것이지요. 다만 단칼에 거절하듯 보이는 건 어디까지나 상대가 그렇게 느낄 뿐입니다. 자신의 마음은 상대의 부탁을 거절하기가 두려워 어찌해야 하나 고민하다 결국 모두 내던지고 도망치고 싶은 상태인데 말이지요.

그렇다면 이런 사람은 어째서 부탁을 받아들인 뒤 마지막 순간까지 가만히 내버려 두는 것일까요? 이것저것 생각하느라 쉽게 결정하지 못하기 때문입니다. 그러다가 결국, 마지막 순간에 두려워져 포기해버리는 지경에 몰리지요.

그 순간까지도 '역시 받아들이면 안 되는 일이었을까?' '지금 와서 거절하면 문제가 일어나지 않을까?' '상대와 사이가 틀어지면 어떡하지?' 하고 괴로워합니다.

마지막이나 궁지에 몰리는 순간까지 망설이고 망설였지만 어떻게 할지 결정하지 못하는 이유도 '0 아니면 100'의 사고 때문인데요. 이것이야말로 자기중심이 되지 못한 사람의 사고입니다.

거절을 못해서 생기는 악순환

자신에게 솔직하면 부드럽게 거절할 수 있다

자기중심인 사람은 자신의 마음과 욕구를 소중히 여깁니다. 그래서 상대에게 부탁받았을 때도 상대방과 주변 사람에게 자신을 맞추려고 하지 않습니다.

자신이 그 부탁을 기꺼이 하고 싶은지, 아니면 부담스럽게 느끼는지에 관해서만 집중합니다. 그리고 받아들일지 말지 역시 그러한 자신의 감정을 기준으로 판단하지요.

만약 하기 싫은 마음이 강하다면, 상대와의 관계보다 자신의 기분을 우선해 거절하기로 결정합니다. 그러면 이리저리 고민하고 망설이다 막판에 가서 갑자기 그만두어 상대를 당혹스럽게 하는 일 등은 일어나지 않습니다.

실제로 별다른 말이 없다 갑자기 상대의 부탁을 취소하는 이유는, 일단 승낙했지만 할까 말까 망설이다 갈수록 부담스러워져 하기 싫고 내던지고 싶은 마음이 강해졌기 때문입니다. 자신의 기분과 감정을 무시한 결과, 감정 면에서 더는 견디기 힘들어졌기 때문이기도 하지요.

아무리 참으려고 해도 자신의 감정을 끝까지 억누르기는 어렵습니다. 자기중심인 사람은 그 사실을 이해하기에, 자신의 마음을 우선해 상대의 부탁을 받아들일지 말지 결정합니다.

자신의 감정과 기분을 인정하면 '어떻게 거절할까? 어떻게 말해야 상대가 상처받지 않을까?' 하고 상대를 배려하는 마음도 생깁니다. 그리고 "이번 주말은 힘들지만, 다음 달에는 꼭 참석할게요" "매번은 힘들지만 한 달에 한 번, 오후 시간이라면 노력해볼게요" 같이 자신에게 가능한 일의 범위를 확인해 부드럽게 거절하는 방법을 생각해냅니다.

 막판에 갑자기 내던지고 도망치기를 그만둔다

· 그만둔 사람 ·
부드럽게 거절해 앞으로도
좋은 관계를 이어나간다.

· 그만두지 못하는 사람 ·
제멋대로인 사람, 신용할 수 없는
사람이라는 인상을 준다.

자신을 몰아세우는
늘 성실하기

"농땡이를 치거나 게으름을 피우는 것은 바람직하지 않다. 자신의 한계와 능력을 최대치로 끌어올려 노력하는 것이 바람직하다."

앞에서도 말했지만 위의 말 같은, '0 아니면 100'의 중간이 없는 극단적 사고는 자신을 괴롭게 만듭니다.

'나는 이렇게 노력하는데, 저 사람은 전혀 도와주지 않아' '저 사람 정말 바쁜 거 맞아? 바쁜 척하면서 나에게 일을 미루는 거 아냐?' 이렇게 상대를 책망하고 싶어지나요? 그렇다면 그 원인은 다음과 같이 자신을 몰아세우고 있기 때문일 것입니다.

- 농땡이를 치거나 게으름을 피우면 안 된다.
- 다들 노력하는데 나만 늑장 부리면 안 된다.
- 아직 더 일할 수 있으니 쉬면 안 된다.

그런데 애초에 이 '게으름을 피우면 안 된다'라는 생각은 옳은
것일까요?

쉬는 것을 '허락'하기보다 '인정'하는 감각으로

예를 들어봅시다. 당신은 자신이 피곤하다고 느낄 때 휴식을 취
해도 좋다고 진심으로 인정할 수 있나요?

'허락'이 아닙니다. '인정'입니다.

'허락'이라는 말에는 '원래 그러면 안 되지만'이라는 의식이 엷
게 깔려있습니다. 하지만 이 예에서는 '휴식은 정당하고 나에게
도움이 되는 좋은 일이다'라고 자기 스스로 진심으로 인정하는지
묻고 있습니다.

'게으름을 피우고 싶다'라는 말을 감정을 기준으로 설명하면 어
떻게 될까요? 머리로는 해야 한다고 생각해도, 감정을 기준으로
하면 하기 싫다는 의미입니다. 더불어 육체적으로 피곤하고 지쳐
있다는 의미도 있습니다.

누군가의 허락을 구하기보다 스스로 허락하자

농땡이가 아니라 휴식이다

게으름을 피우고 싶을 때, 당신이라면 둘 중 어떤 방법을 선택하시겠습니까?

- '하기 싫어도 게으름을 피우면 안 되니까 끝까지 한다'라고 생각하며 자신의 한계 직전까지 노력한다.
- '게으름을 피우고 싶은 이유는 하기 싫어서다. 그러면 하기 싫은 이유는 무엇일까?'라고 자신의 감정을 우선해 논리적으로 하기 싫은 이유를 찾아 해소한다.

저는 전자보다 후자가 긍정적이고 유익한 해결책이라고 생각합니다.

예를 들어, 하기 싫은 일이 있을 때 '나는 이런 종류의 작업을 하는 것이 괴롭다'라고 하기 싫은 이유를 깨달으면 '조금이라도 괴로움을 덜 수 있게 효율적으로 해보자' '선배에게 작업 방법을 조금 더 자세히 물어보자'와 같이 원인에 맞는 해결 방법을 찾으려고 합니다.

혹은 '오랫동안 집중했더니 피곤해졌다' 하는 단순한 이유라면, '이건 농땡이가 아니라 휴식이다' '지금은 쉬는 편이 더 좋다' 하고 인정할 수 있을 거고요.

이런 관점에서는 게으름이나 농땡이라는 말 자체를 아예 자기 안에서 지워버려도 좋습니다. 게으름을 피우거나 농땡이를 치고 있는 게 아니니까요.

POINT **'늘 성실하기'를 그만둔다**

· 그만둔 사람 ·
게으름을 피우고 싶은 이유를 찾아 해소한다.

· 그만두지 못하는 사람 ·
나태해지면 안 된다고 자신을 몰아세운다.

나를 싫어하는 사람과
친해지려 노력하기

새삼 생각하면 기묘한 일이지만, 많은 사람이 자신이 좋아하는 사람보다 싫어하는 사람에게 더 쉽게 다가갑니다.

그리고는 자기 스스로 번거로움을 늘렸다고 괴로워하지요.

이런 사람들은 "어디를 가도 싫어하는 사람이 생기고 분쟁이 일어난다" "정말이지 저 사람이 너무 싫어 견딜 수가 없다. 저런 사람이 회사에 있어 자나 깨나 그만두고 싶은 생각뿐이다"라고 말하면서도, 막상 "그런데 왜 그만두지 않아요?"라는 물음에는 이렇게 대답합니다.

"하지만 저런 사람 때문에 회사를 그만두자니 분하기도 하고, 그만둔다고 해결될 것 같지도 않으니까요. 다른 곳에 가도 틀림없이 저런 사람이 또 있을 거예요. 아⋯ 혹시 나한테 문제가 있는 건 아닐까요?"

그리고 동시에 다음과 같이 말합니다. "특별한 관심이 없는 사람과는 아무렇지 않게 이야기할 수 있어요. 오히려 자주 대화하는 편이라고 생각해요. 하지만 좋아하는 사람 앞에서는 긴장해서 말도 제대로 나오지 않아요."

좀 더 시간이 흐른 후, "좋아하는 사람과는 어떻게 되었어요? 당신이 먼저 화제를 꺼내거나 해서 가까워질 기회를 만들었나요?" 하고 물어보면 여전히 "아니요, 아직"이라고 대답합니다.

이런 상태로 1~2년을 보내거나, 그대로 한마디도 못 한 채 "그냥 포기했어요" 하고 말하는 사람도 있습니다. 이것도 감정의 시점에서는 충분히 있을 수 있는 일입니다.

타자중심이 되어 '내가 좋아하는 사람이 나를 싫어하면 어떡하지?'라고 두려워하면, 다가가더라도 친해질 가능성보다 미움받을 가능성이 더 높다고 믿어 다가가는 행동 자체가 어려워집니다.

반대로 싫어하는 사람에 대해서는 어떨까요? 싫어하는 상대도 신경 쓰고 걱정한다는 점에서는 좋아하는 사람과 마찬가지입니다. 그런데 좋아하는 사람에게는 다가가지 못하면서 싫어하는 사람에게는 다가갑니다. 그 이유는 무엇일까요?

자신을 싫어하는 사람에게 끌린다?!

상대와 입장을 바꿔 생각해봅시다. 당신에게 호의를 품은 사람이 있다면 어떨까요? 당신이 관심이 없으면 상대가 당신을 좋아한다고 해도 먼저 적극적으로 다가가지는 않을 것입니다.

그렇지만 적어도 아무렇지 않게 태연히 대할 수는 있지 않을까요? 당신에게 호의를 품은 사람은 '안전한 사람'이거든요.

당신이 상대의 호의를 있는 그대로 순수하게 받아들이면, 상대는 신경 쓰지 않아도 괜찮은 안전한 사람일 뿐입니다. 물론 스토커 행위처럼 비일상적인 행위는 논외로, 어디까지나 평범한 일상의 이야기일 때 해당하는 경우이지만요.

반대로 명백히 당신을 싫어하는 사람이 있다면 어떨까요? 상대가 자신을 싫어한다는 사실을 알면, 신경이 쓰이기 시작할 겁니다. 당신을 싫어하는 사람은 '위험한 사람'이니까요.

'어쩌면 상처받을지도 모른다' '가해를 당할지도 모른다'와 같은 두려움이라도 생긴다면, 이런 당신의 두려움은 곧 상대에게도 전해집니다. 이때 자기 안에 상대와 싸우는 의식이 있으면, 당신 역시 표정과 태도로 상대에게 싫어한다는 메시지를 보내게 됩니다.

객관적으로 보면, 당신과 상대는 분명 다투고 있습니다. 실제로 '전투 상태'에서 서로를 신경 쓰고 있으니, 언젠가 어느 한쪽이 본격적으로 싸움을 걸어올 가능성도 있습니다.

자신을 싫어하는 사람의 존재를 깨달았을 때 일반론을 내세우면 '모두와 사이좋게 지내야 한다' '직장에서 개인적인 감정을 내세워 싸우면 안 된다'와 같이 생각해 자신의 걱정과 두려움을 애써 억누르려고 하게 될 것입니다.

혹은 '어쩌면 나를 싫어하지 않게 될지도 모른다. 서로 이해하게 될지도 모른다. 그러면 더는 두려워하지 않아도 괜찮다' 하는 안이한 태도로 상대에게 다가가려고 할지도 모르지요.

물론 그런 당신의 계획이나 의도가 성공하는 일은 거의 없습니다. 오히려 나를 싫어하는 상대에게 다가갔다가 자칫 괴롭힘의 대상이 될 수도 있으니, 각별히 주의해야 합니다.

좋아하든 싫어하든 각자의 자유

그러면 이런 상황에서는 어떻게 해야 할까요? 이때 가장 기본
으로 삼아야 할 태도는 '서로 살아가는 방식의 자유를 인정'하는
것입니다.

자신에게 안전한 사람을 신경 쓰지 않는 이유는 '상대가 나를
좋아해도 이는 상대의 자유다. 내가 상대에게 관심이 없으면, 그
것은 나와 상관없는 일이다'라고 의식하기 때문입니다.

이는 당신을 싫어하는 사람에게도 마찬가지입니다. '내가 상대
를 싫어하는 것은 내 자유다'라고 생각하면, 마찬가지로 '상대가
나를 싫어하는 것은 상대의 자유다'라고 생각할 수 있습니다. 이
러한 논리에 따라 내가 상대를 싫어할 자유를 자기 스스로 인정하
면, 상대가 자신을 싫어할 자유도 인정하게 됩니다.

그러면 앞에서 언급했듯 '상대가 나를 싫어해도 이는 상대의 자
유다. 내가 상대에게 관심이 없으면, 그것은 나와 상관없는 일이
다' 하고 의식할 수 있답니다.

물론 이렇게 서로의 자유를 인정하려면 서로의 자유를 침해하
거나 실질적으로 손해를 입히는 행위를 하지 않는 것이 전제 조건

이 되어야 합니다.

상대의 자유를 인정하는 태도는 자기중심으로 살기 위한 가장 기본적인 조건입니다. 이렇게 한다고 해서 바로 인간관계의 번거로운 문제가 해결되지는 않겠지만, 이를 인생의 기본 지침으로 삼으면 번거로운 인간관계의 많은 부분이 틀림없이 해소될 거예요.

 POINT '좋아하는 사람에게 다가가지 못하고 & 싫어하는 사람에게 다가가기'를 그만둔다

• 그만둔 사람 •	• 그만두지 못하는 사람 •
서로 좋아하거나 싫어하는 마음의 자유를 인정하고 간섭하지 않는다.	필요 이상으로 상처받고 오랫동안 생각에 시달린다.

사소한 일부터 큰일까지
내가 모두 책임지기

"난 잘못하지 않았는데, 다들 전혀 이해해주지 않아서 죄인 취급을 받아요" 하는 상담을 종종 받습니다.

그중에는 "나쁜 사람으로 몰리는 바람에 더는 근무하기 어려워 퇴사를 고려하고 있어요" 하는 정도까지 내몰린 사람도 있습니다.

그런데 이렇게 문제가 심각해지기까지는, 그 전 단계에서 몇 가지 사소한 문제가 일어났을 가능성이 틀림없이 있습니다. 그러한 몇 가지 전조를 무시하거나 깨닫지 못하고 방치한 결과, 이와 같은 절박한 상황에 내몰리게 된 것이지요.

예를 들어볼까요? 직장에서 A씨와 B씨가 문제를 일으켰습니다. A씨는 본인의 시점에서 '이제까지 B씨가 항상 나에게 책임을 전가해왔어. 이제 더는 못 참아!' 하고 생각합니다. 하지만 다른 동료들에게 "이제까지 나만 계속 참아왔으니 이번에는 B씨가 잘못을 인정하고 사과하게 해야 해요!"라고 호소해도, 동료들이 A씨에게 동조해 줄지는 알 수 없습니다.

지금까지 A씨는 B씨의 처사를 묵묵히 참아왔기에, 동료들은 그 동안의 경위를 알지 못합니다. 그래서 'A씨가 그렇게까지 화낼 일인가?' 하고 생각합니다.

이는 상사도 마찬가지입니다. A씨가 직속 상사에게 B씨의 처사를 알려도, 상사가 A씨의 주장을 바로 믿어 줄지는 알 수 없습니다. 상사의 눈에는 A씨가 갑자기 소란을 일으키는 것처럼 보이기 때문이지요.

그런 상사를 향해 A씨가 "B씨의 잘못이니 어서 B씨에게 처분을 내려주세요!"라고 온종일 호소한다면, 상사는 A씨의 정당함을 이해하기보다 성가시게 여겨 입을 막아버리고 싶을지도 모릅니다.

상사의 입장에서는 B씨든 누구든, 부하가 잘못을 일으키면 회사 내에서 자신의 평가가 내려가게 됩니다. 게다가 부하의 잘못을 자신도 함께 책임져야 하는 상황이라면 더욱더 이 문제를 없었던 일로 하고 싶을 테지요.

큰 문제가 되기 전에 사소한 문제를 그냥 지나치지 않도록

이런 문제가 일어나는 원인을 자신에게서 찾아보면, 그때그때 자신을 소중히 여기지 않았기 때문이라고 말할 수 있습니다.

앞에서도 말했듯이, 각자의 자유를 인정하면 상대에 관해 생각하는 시간이 줄어들게 됩니다. 특히 상대와 다투기보다 '내가 나를 소중히 여기는가?' 하는 시점에서 자신을 보게 됩니다.

만약 A씨처럼 절박한 상황에 부닥쳤다면, 그 앞에는 이미 '수없이 죄를 뒤집어써서 더는 참을 수 없는 자신'이 있었을 것입니다. 자신이 무리해서 참고 있다는 사실을 깨닫고 조금이라도 빨리 참지 않기로 했다면, 큰 문제로 발전하기 전에 막았을지도 모르지요.

절박한 상태를 0에서 100까지 눈금으로 표시한다고 가정해 봅시다. 다시 말해, 이 눈금은 자신이 참아온 정도를 나타내는 수치이기도 합니다.

100에 다다르기 전에 11 정도에서 참고 있는 자신을 깨닫는다면 어떨까요? 혹은 18에서 참고 있는 자신을 깨닫는다면? 혹은 33에서 참고 있는 자신을 깨닫는다면?

이렇게 중간에 자신의 상태를 깨닫고, 그때부터 참지 않기로 하면 궤도를 수정할 기회가 생깁니다. 앞의 예에서, 이제까지 A씨는 B씨가 저지른 실수 몇 가지를 자신의 탓으로 돌렸습니다. 그래서 B씨가 툭하면 "A씨에게 ○○하라고 들어서 그대로 했을 뿐이에요" "그 자료는 A씨에게 주었습니다" 하고 말할 수 있게 빌미를 제공하였지요. 그때마다 A씨는 불쾌하게 생각하면서도 '뭐 대단한 일도 아니니까' 하며 가만히 참고 넘겼을 것입니다.

그동안 A씨는 '이렇게 사소한 일로 소란스럽게 굴었다가 속이 좁다고 비난받으면 억울하다' 하는 마음으로 B씨를 도와주며 참았을 것입니다. 그런데 자기 문제를 남의 탓으로 돌리는 B씨의 습관은 작은 문제든 큰 문제든 상관없이 바뀌지 않습니다. 그것이 B씨의 행동 유형이기 때문이지요.

큰 문제가 일어났다면, 그에 앞서 작은 문제가 거듭 일어났을 가능성이 있습니다. A씨처럼 큰 문제가 일어난 뒤에는 결백을 주장해도 해결하기가 매우 어렵습니다.

작은 문제일 때 '내가 조금 뒤집어쓰면, B씨와의 관계가 틀어지지 않을 것이다' '내가 가만히 있으면, 아무 일 없을 것이다'라고 생각하며 계속 참다가 결국 큰 문제가 되어버리는 것이지요.

이처럼 A씨가 자신을 소중히 하여 앞서 작은 문제가 일어난 단계에서 참지 않고 책임 소재를 명확히 했다면, 나중에 정면으로 비난을 뒤집어쓰는 상황에 부닥치지 않았을 것입니다.

나아가 "B씨는 그렇게 말하지만, 저는 그리 말한 기억이 없어요. 언제, 어디에서 그렇게 이야기했는데요?" "그 자료는 받은 기억이 없어요. 한 번 더 확인해 보실래요?" 하고 B씨에게 냉정하게 상황을 물어봤다면, 큰 문제가 되기 전에 막았을지도 모르지요.

이처럼 평소에 작은 문제일 때 참지 않고 미리미리 대처하는 편이 문제를 해결하기도 쉽고, 큰 문제에 휘말릴 가능성도 훨씬 적어집니다.

 자신이 모두 책임지기를 그만둔다

· 그만둔 사람 ·	· 그만두지 못하는 사람 ·
남이 저지른 큰 실수의 책임을 뒤집어쓰는 상황을 미리 막는다.	정작 결정적 순간에는 무죄를 주장하지만 들어주지 않는다.

행동에 방해가 될 정도로
지나치게 생각하기

누군가에게 자신의 주장을 내세워야 할 때 '상대가 이렇게 말하면, 나는 이렇게 되받아쳐야지' '상대가 이렇게 행동하면, 나는 이렇게 대항해야지'라고 생각하며 상대의 반응을 예측해 대책을 마련하는 사람이 있습니다.

이렇게 궁리하는 이유는 '상대에게 상처받는 말을 들으면, 바로 되받아치고 싶다' '상대가 방해하면, 단호히 거부하고 싶다'라고 평소에도 의식하고 있기 때문입니다.

하지만 '상대의 말을 듣고 상처받았어. 다음에 기회가 있으면 꼭 갚아 줄 거야!' '어떻게 하면 혼내줄 수 있을까?' '어떻게 말해야 상대의 코가 납작해질까?' 하고 끊임없이 고민해도, 실제 행동으로 옮기지 못하고 마음으로만 싸우는 사람도 많을 것입니다.

다툼이 두려워 결국 행동하지 못한다

이처럼 우리는 상대와 싸움이 붙었을 때 이기기 위해 머릿속으로 이런저런 궁리를 합니다. 그런데 이렇게 상대에 관해 계속 생각하는 이유는 무엇일까요?

"그야 당연히 상대가 어떻게 나올지 예측하지 못하면, 대처하기 힘드니까 그렇지요."

승패에 사로잡힌 사람은 이렇게 대답할지도 모릅니다. 하지만 "자신이 생각한 것을 실제 행동으로 옮긴 적이 있으신가요?" "이제까지 생각만 하고, 결국 행동으로 옮기지 못한 경험이 수차례 있지 않나요?" 이렇게 물어봤을 때, "확실히 그래요. 대부분 생각만으로 지쳐서 중간에 그만둬요" 하고 말하는 사람도 있었습니다.

그런데 정말로 지쳐서 행동으로 옮기지 못했을까요? 거기에는 자신의 진짜 감정이 숨어있었습니다. 그 감정의 정체는 바로 두려움입니다. 행동하지 않는 가장 큰 이유는 두려워서입니다.

행동하면 다투게 된다는 생각은 억측

애당초 '내 주장을 내세우면 다투게 된다' 하는 생각은 억측입니다. 억측의 배경에는 '내 의견을 주장하려면, 상대와 싸워 이겨야 한다'라는 의식에 있습니다. 이 이겨야 한다는 생각 자체가 두려움을 불러일으킵니다.

이기길 원한다면 싸움은 불가피합니다. 그러나 싸울 수밖에 없는 상황을 상상하면, 그것만으로도 또 두려워지지요. 하지만 자신의 감정을 소중히 하기 위해 굳이 남과 싸울 필요는 없습니다. 상대를 이기거나 제압하지 않아도 스스로 자신을 소중히 하는 방법이 있으니까요.

예를 들어, 상대가 본인의 의견을 강요해도 "네, 해주신 말씀은 참고로 하겠습니다" "네, 하나의 의견으로 확실히 받아들이겠습니다"라고 표현해 상대를 억누르지 않고 자신을 스스로 존중할 수도 있습니다.

상대가 지나치게 간섭해도 "실패해도 괜찮으니 저는 일단 이렇게 시도해보고 싶습니다" "이건 제 일이니까 제 방식대로 해보겠습니다" 하며 자신의 감정과 의지를 지켜나갈 수도 있습니다.

상대가 자신을 부정적으로 대할 때도, 상대가 틀렸다는 생각에 사로잡혀 어떻게든 상대를 바꾸기 위해 온갖 고뇌를 거듭하지 마세요. "나에게 부정적인 상대에게서 나를 지키려면 어떻게 행동해야 할까?" 하는 생각에 집중하는 편이 훨씬 현명하답니다.

상대와 싸워 이기려고 하기보다 자신의 감정과 의지를 소중히 하겠다고 결정하면, 적어도 싸워야 한다는 두려움 정도는 해소할 수 있습니다. 혹여 자신이 생각한 대로 이루어지지 않아도, 내 의지대로 행동했다는 만족감을 느낄 수 있습니다.

 POINT '행동에 방해가 될 정도로 지나치게 생각하기'를 그만둔다

· 그만둔 사람 ·
자신의 의지를 지키기 위해
행동한다.

· 그만두지 못하는 사람 ·
행동하면 다른 사람과 싸우게
된다고 억측한다.

마지막까지
혼자서 분투하기

자립의 뜻을 '무슨 일이든 혼자서 버티는 강인함'이라고 착각하는 사람이 많습니다.

특히 이런 사람은 직장에서 상사에게 업무를 지시받으면 무슨 일이 있어도 혼자 끝까지 해내야 한다고 생각합니다. 아무리 부담스럽게 느껴져도 자기 스스로 잔업을 자처하며 고군분투하지요.

그러한 열의만큼은 높이 평가할 만합니다. 하지만 '해내고 싶다!'라는 긍정적인 마음으로 하는지, 아니면 '명령이니 반드시 해야 한다' '해내지 못하면 나에 대한 평가가 낮아진다'라고 생각해 억지로 참아가며 하는지에 따라 결과는 완전히 달라집니다.

물론 전자는 자신이 원해서 하는 일이니 만족감과 즐거움을 느낍니다. 하지만 후자는 해야 한다는 의무감과 그에 따른 괴로움만 느낄 뿐입니다. 그러한 괴로움을 견디며 '강해지려면 마지막까지 반드시 혼자 해내야 한다' 하고 자신을 압박하기까지 하니, 고통은 배가 됩니다.

"지금은 괴롭지만, 끝까지 해냈다는 사실이 자신감으로 이어지리라 믿습니다"

이렇게 말하는 사람도 있습니다. 자신감을 얻고 실적도 쌓을 수 있으니, 대부분 사람이 괴로움은 성장을 위한 발판이라고 믿을지도 모르겠네요.

하지만 해봤자 괴로움만 안겨주는 일에 몇 번이고 더 도전하고 싶다고 생각하나요? 괴로운 일에 계속 도전하면 마음이 단련되기보다 좌절할 위험이 훨씬 큽니다. 실제로 그렇게 혼자 애써오다 결국 퇴사하고 싶어졌다고 말하는 사람을 자주 보았습니다.

'남에게 의지'하는 것도 기술이다

노력파인 사람일수록 끝까지 혼자 힘으로 일을 해내려고 합니다. 그 인내력만큼은 높이 평가하지만, 사실은 마음속에 '남에게 부탁하기가 두렵다' 하는 걱정을 감추고 있는 건 아닐까요?

용기를 짜내 남에게 부탁했는데 보기 좋게 거절당하면 누구라도 상처를 받습니다. '상처받느니 차라리 혼자서 하는 편이 낫다'라고 생각하는 사람도 많을 거예요. 혹은 자존감이 낮아 '누구든 내 부탁을 들어줄 리가 없다' 하고 미리 겁부터 먹는 사람도 있을지 모릅니다.

융통성이 없고 고집이 센 사람은 "남한테 부탁 같은 건 절대 못해요"라고 말하기도 하는데, 여기에도 혹여나 거절당할까 두려워하는 마음이 깔려 있습니다.

그중에는 "남에게 머리를 숙여가며 부탁하다니, 그런 비참한 일은 질색이야!" 하고 고집을 부리는 사람도 있습니다만, 이 말 속에는 높은 자존심이 아니라 부탁하지 못하는 나약한 마음이 숨겨져 있습니다.

'내심 부탁하고 싶기도 한데, 어떻게 말해야 좋을지 모르겠어' 하고 자신의 표현력에 관한 문제를 고민하는 사람도 있습니다. 특히 자기 스스로 해내려고 애쓰는 외고집인 사람일수록 의사소통 능력이 부족하기 쉽습니다. 이를 자각하고 있기에 더욱더 혼자 노력하려고 애쓰는지도 모르지요.

남에게 부탁하기 위해서는 '부탁하는 기술'이 필요합니다. 예를 들어볼까요?

- 지금 잠깐 시간을 내줄 수 있을까?
- 상의하고 싶은 일이 있는데, 괜찮을까?

위와 같이 묻는 것을 상대를 위한 예의라고 생각하는 사람이 많지만, 이는 '자기중심'으로 사고하면 자신을 위해 묻는 것이라고 말할 수 있습니다. 상대의 양해를 구하면, 자신도 안심하고 이야기할 마음의 여유가 생기기 때문입니다. 이는 자신의 안전을 확보하는 일이기도 합니다.

- 지금이 아니라 나중이라도 괜찮아.
- 가능하다면, 이 부분을 부탁하고 싶어.

이처럼 시간과 분량을 정하여 상대방에게 제시하는 것도 자신이 상처받지 않는 하나의 방법입니다. 자립하려면 자신을 인정함은 물론 상대를 인정하는 태도도 필수입니다. 그리고 이때 필요한 건 상대에게 양해를 구하는 의사소통 기술입니다.

끝까지 혼자 해낸다고 바로 자립심과 강인한 마음이 길러지지는 않습니다. 오히려 남에게 협력을 구하는 습관을 기르고, 그러한 기술을 익힌 사람이 훨씬 자립해 있다고 할 수 있습니다.

POINT 마지막까지 혼자 분투하기를 그만둔다

• 그만둔 사람 •
남에게 의지하는 기술을 익히고
실천하며 마음 편히 일한다.

• 그만두지 못하는 사람 •
괴로워도 남에게 의지하지 않고
끝까지 혼자 해내려 한다.

책임을 회피하기 위해
아무런 행동도 하지 않기

책임지는 행동을 과도하게 두려워하는 사람이 있습니다.

책임을 피하는 가장 확실한 방법은 행동하지 않는 것입니다. 아무런 행동도 하지 않으면 실패할 일도 없고, 책임질 일도 생기지 않습니다. 하지만 행동하지 않으면 성공할 수도 없습니다.

책임지기를 두려워하는 사람은 남의 허락이 있어야만 행동하려고 합니다. 그러면 실패해도 남의 탓으로 돌릴 수 있기 때문이지요. 예를 들어 이런 식으로 말입니다.

- 부모님이 대학 진학을 권유했으니까.
- 나는 분명히 상사에게 확인했는데, 상사가 나 스스로 판단하라고 했으니까.
- A씨가 이렇게 하면 어떠냐고 제안했으니까.

혹은 자기 스스로 행동하긴 싫지만, 성공은 하고 싶은 사람은 남이 대신 행동하게 만듭니다. 그러면 실패해도 "왜 그런 일을 한 거야?" 하고 남의 탓으로 돌리기 쉬워집니다.

반대로 성공하면 "내가 하라고 했기 때문이야" 하고 자신에게 공을 돌릴 수 있습니다. 물론 이런 방법으로 목표를 달성하거나 이득을 보기도 합니다. 하지만 머지않아 반드시 문제가 일어나게 되어 있으니 현명한 방법이라고 하긴 어렵습니다.

왜 이토록 책임지기를 두려워할까요? 그 이유는 매사를 부정적으로 사고하기 때문입니다.

자신이 쉬는 것도 책임지고 싶지 않은 사람

사고하는 것에 사로잡히면 느끼는 데 소홀해집니다. 더구나 대부분 사람이 긍정적 사고보다 불안이나 초조 등 부정적 사고에 더 쉽게 빠집니다. 부정적 사고가 만들어내는 기분과 감정에 사로잡히면 기쁨을 느끼며 살기 어려워집니다.

상대가 인정해주지 않으면 편하게 쉬지도 못하는 사람이 있습니다(171쪽 참조). 예를 들어, "일단 출근해서 감기로 몸 상태가 나쁘다는 기색을 비쳐야만 마음 편히 쉴 수 있어요"라고 말하는 사람도 있었습니다.

이렇게 상대에게 인정받아 자신이 책임지지 않아도 되는 상태에서만 행동하는 타자중심 사고에 빠진 사람은 자기 스스로 인간관계를 번거롭게 만듭니다.

머릿속에서 커져 버린 책임을 떨쳐내려면

책임지기를 두려워하는 마음의 배경에는 무엇이 있을까요? 혹시 실제 이상으로 '과도한 책임'을 떠안고 있지는 않을까요?

예를 들어, 남을 기준으로 세워 '저 사람은 할 수 있는데 나는 할 수 없다'라고 생각해 자신을 한심하게 여기는 것도 일종의 과도한 책임감입니다.

상사에게 "이번 프로젝트, 기대할게요"라는 말을 들어 기대에 부응하려고 노력하거나 부응하지 못할까 봐 고민하는 것도 마찬가지입니다. 상대방이 맡은 역할과 일에 참견하며 자신의 방식을 강요하려는 태도 역시 자기 스스로 과도한 책임을 떠안게 만듭니다. 즉, 자신에게 아무런 책임이 없는 일을 자신의 책임인 것처럼 받아들이기 때문에 더욱더 책임지기를 두려워하게 되는 것이지요.

이처럼 책임지기를 지나치게 두려워해 남의 허락 없이는 아무런 행동도 하지 못하는 상태에서 벗어나려면, 느껴야 합니다.

이렇게 이야기하면, 공포심을 강하게 느끼는 사람은 "나는 항상 공포를 느끼고 있어요. 책임자라는 말을 들으면 무서워 견딜 수가 없으니까요. 그래서 이제까지 관리자나 그룹의 지도자 역할 등은 가능한 한 피해왔습니다"라고 대답합니다.

그리고 "그렇지 않아도 두려움을 느끼는데, 계속 느끼라고 하면 점점 더 두려워질 거예요" 하며 자신의 상상 속에서 틀림없이 더 두려워질 것이라고 단정 짓습니다.

하지만 자기중심 심리학에서 '두려움을 느끼라'는 말은 공포를 마주하라는 의미가 아닙니다. 다시 말해 '두려워하면 안 된다. 도망치면 안 된다'라며, 자신이 느끼는 공포와 맞서 싸우는 느낌이 아니라는 뜻입니다.

자신이 짊어진 책임에 대한 두려움도 '느끼는 것'

그렇다면 자기중심 심리학에서 두려움을 느끼라는 말은 무엇을 의미할까요? 여기에는 두 가지 의미가 있습니다.

첫째, 두려워하는 자신이 있다면, 그런 자신을 인정하는 것입니다. 인정한다는 것은 이제까지 이 책에서 이야기한 대로 자신이 느끼는 것을 있는 그대로 솔직히 받아들이는 태도입니다.

둘째, 자신이 어떤 상황에서 두려움을 느끼고, 무엇을 두려워하는지 구체적으로 아는 것입니다. 과도한 책임감에서 해방되려면 자신이 어떤 상황을 두려워하는지 알아야 합니다. 그것을 특정하기 위해 다음과 같은 질문에 구체적인 답을 찾아보세요.

"지금 무엇을 두렵다고 느끼는가? 무엇이 부담스러운가?"

이를 파악했을 때 비로소 과도한 책임감이라는 무거운 짐을 내려놓을 수 있게 됩니다. 그러면 책임지는 것이 두려워 행동하지 못하는 저주에서 벗어나, 자신의 의지를 갖고 스스로 생각하는 대로 행동할 수 있게 된답니다.

 '책임을 피하려고 행동하지 않기'를 그만둔다

· 그만둔 사람 ·	· 그만두지 못하는 사람 ·
'과도한 책임감'에서 해방되어 자기 의지대로 행동한다.	자신을 대신해 '책임질 사람'이 나타날 때까지 행동하지 못한다.

옮긴이 김한결

이화여자대학교를 졸업하고, 바른번역 아카데미 일본어 번역가 과정을 수료했다. 현재 전문 번역가로 활동 중이다. 옮긴 책으로 《꿈을 이루는 독서법》《당신, 뭐야?》 등이 있다.

참는 게 죽기보다 싫을 때 읽는 책

1판 1쇄 인쇄 2019년 3월 21일
1판 1쇄 발행 2019년 3월 26일

지은이 이시하라 가즈코
옮긴이 김한결
그린이 강수정
펴낸이 김성구

책임편집 현미나
단행본부 류현수 고혁 홍희정
디자인 한아름 문인순
제 작 신태섭
마케팅 최윤호 나길훈 유지혜 김영욱
관 리 노신영

펴낸곳 (주)샘터사
등 록 2001년 10월 15일 제1-2923호
주 소 서울시 종로구 창경궁로35길 26 2층 (03076)
전 화 02-763-8965(단행본부) 02-763-8966(마케팅부)
팩 스 02-3672-1873 **이메일** book@isamtoh.com **홈페이지** www.isamtoh.com

한국어 판권 © (주)샘터사, 2019, Printed in Korea.

ISBN 978-89-464-2100-4 03180

이 도서의 국립중앙도서관 출판시도서목록(CIP)은 e-CIP 홈페이지
(http://www.nl.go.kr/cip.php)에서 이용하실 수 있습니다. (CIP제어번호: CIP2019009683)

값은 뒤표지에 있습니다.
잘못 만들어진 책은 구입처에서 교환해드립니다.